2판 5쇄 발행 2025년 3월 18일

| 글쓴이 | 노지영 |
| 그린이 | 오정민 |

펴낸이 이경민
펴낸곳 ㈜동아엠앤비
출판등록 2014년 3월 28일(제25100-2014-000025호)
주소 (03972) 서울특별시 마포구 월드컵북로22길 21, 2층
홈페이지 www.domgamnb.com
전화 (편집) 02-392-6901 (마케팅) 02-392-6900
팩스 02-392-6902
전자우편 damnb0401@naver.com
SNS

ISBN 979-11-6363-235-1 (74400)

※ 책 가격은 뒤표지에 있습니다.
※ 잘못된 책은 바꿔 드립니다.

 도서출판 뭉치는 ㈜동아엠앤비의 어린이 출판 브랜드로, 아이들의 지식을 단단하게 만들어주고, 아이들의 창의력과 사고력을 키워주어 우리 자녀들이 융합형 창의 사고뭉치로 성장할 수 있도록 좋은 책을 만들겠습니다.

다른 동네? YES! 우리 동네? NO!
지역이기주의 님비현상

글쓴이 **노지영** | 그린이 **오정민**

펴내는 글

님비 현상, 무조건 비난받아야 할까?
민주주의 사회에서 지역갈등을 해결하기 위한 방법은?

　선생님의 질문에 교실은 일순간 조용해집니다. 누군가 대답하기를 기다리다 못해 선생님께서 콕 집어 이름을 부르는 순간 나는 걸리지 않았다는 안도감에 금세 평온을 되찾지요. 우리 교실에서 자주 볼 수 있는 풍경입니다.

　사람들 앞에서 자신의 생각을 조리 있게 전달하는 기술은 국어 시간에만 필요한 것이 아닙니다. 상급 학교 면접 자리 또는 성인이 된 후 회의에서도 자신의 의견을 분명히 표현하는 것이 중요합니다. 하지만 어디서부터 시작해야 할지 몰라 입을 떼는 일이 쉽지 않습니다. 얼떨결에 한마디 말을 하게 되더라도 뭔가 부족한 설명에 아쉬움이 들 때도 많습니다.

　논리적 사고 과정과 순발력까지 필요로 하는 토론장에서 자신만의 목소리를 내려면 풍부한 배경지식은 기본입니다. 토론 중에는 상대의 의견을 받아들이거나 비판하기 위해 의견의 타당성과 높은 수준의 가치 판단을 해야 하는 경우가 많은데, 자신의 입장을 분명히 하기 위해서는 풍부한 자료와 논리적인 근거가 필요합니다.

　「초등 융합 사회과학 토론왕」 시리즈는 사회에서 일어나는 다양한 사건과 시사 상식 그리고 해마다 반복되는 화젯거리 등을 초등학교 수준에서 학습하고 자신의 말로 표현할 수 있도록 기획되었습니다. 체계적으로 널리 인정받은 여러 콘텐츠를 수집해 정리하였고, 전문 작가들이 학생들의 발달 상황에 맞게 스토리를 정리하였습니다. 개별

적으로 만들어진 교과서에서는 접할 수 없는 구성으로 주제와 내용을 엮어 어린이 독자들이 과학적 사고뿐만 아니라 문제 해결력, 비판적 사고력을 두루 기를 수 있도록 하였습니다. 그리고 폭넓은 정보를 서로 연결지어 설명함으로써 교과별로 조각나 있는 지식을 엮어 배경지식을 보다 탄탄하게 만들어 줍니다. 이러한 통합 교과형 구성은 국어를 기본으로 과학에서부터 역사, 지리, 사회, 예술에 이르기까지 상식과 사회에 대한 감각을 익히고 세상을 올바르게 바라보는 눈을 갖는 데 큰 도움이 될 것입니다.

『지역 이기주의 님비 현상』의 주인공 수호는 두리시에 사는 초등학교 4학년 남자아이랍니다. 두리시와 새별시, 두 시의 주민들은 쓰레기 소각장과 매립장을 놓고 서로 자기 지역에 지을 수 없다며 반대하고 있어요. "혐오시설은 반대! 편의시설은 대찬성!"이라며 결의에 차신 엄마는 이모의 설득으로 쓰레기 소각장 유치가 마을에 불이익만 가져다주지는 않는다는 사실을 알게 됐어요. 수호도 담임선생님이 내주신 과제로 할머니네 마을에 들어선 친환경에너지타운에 대해 조사하면서 혐오시설이 오히려 지역에 긍정적인 효과를 끼친다는 것을 알게 됐답니다. 이 책을 통해 독자 여러분이 님비 현상에 대한 다양한 정보를 이해하고, 이 과정에서 나타나는 여러 가지 사회 현상을 파악하고 올바른 가치관을 갖게 된다면 더없이 소중한 시간이 될 것입니다.

편집부

펴내는 글 · 4

혐오시설은 반대! 편의시설은 대찬성! · 8

 님비 현상이란?  11

— 엄마의 시위가 창피해
— 불통 엄마 VS 까칠 누나의 한판 승부
— 우리 동네는 무조건 반대야

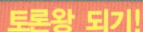
님비 현상, 무조건 비난받아야 마땅할까?

 **지역 이기주의의 민주적 해결방법**  43

— 이모가 이사를 온대요
— 할머니네 난방비의 비밀

나라 사이에도 님비 현상이 존재할까?

3장 님비시설을 핌피시설로! 67

- 새별시의 주민 설명회
- 운산 환경과학공원
- 장례식장의 화려한 변신

녹색 님비, 무엇이 문제일까?

 4장 갈등을 극복하고 화합을 이루다 97

- 두리시와 새별시의 화합
- 님비 현상, 지역 이기주의로 비난받아 마땅할까?

토론왕 되기!
민주주의 사회에서 지역갈등을 해결하는 방법은?

님비 현상 관련 사이트 · 113
어려운 용어를 파헤치자! · 114
신나는 토론을 위한 맞춤 가이드 · 116

1장 넘비 현상이란?

엄마의 시위가 창피해

"선생님, 사랑합니다!"

4학년과는 어울리지 않는 오글거리는 인사로 드디어 오늘의 지루한 학교생활이 무사히 종료되었어. 여자애들은 아직도 선생님이 하는 것처럼 머리 위로 하트를 그려 보이며 인사를 한다니까. 나는 물론 남자답게 가방을 챙기느라 바쁜 척 인사를 생략했지.

"수호야! 지금 바로 보드 갖고 나올 수 있지?"

교실을 나서며 동원이가 물었어.

"응. 바로 집에 가서 가지고 나올게."

동원이랑 나는 같은 영어 학원에 다니는데 수업 시작 전에 약 30분 정도가 남아. 우리는 요즘 그 시간에 아파트 단지 안 야외 농구장에서 에스보드를 타지.

"좋았어! 내가 어제 연마한 새로운 기술을 보여주지."

동원이가 뿌듯한 표정을 지어 보이며 말했어.

운동장을 걸어 나오는 동안 우리는 민석이의 새 보드 이야기를 들어주어야 했어. 보드가 다 거기서 거기일 텐데 민석이는 자기가 생일 선물로 받은 건 우리 거랑은 차원이 다른 거라며 목에 잔뜩 힘을 주고 자랑을 했어.

"아, 알겠어. 그만 자랑하고 오늘 당장 가지고 나와."

"안 돼. 나 오늘 학원 네 군데나 돌아야 돼. 시간 없어."

늘 이런 식이었어. 자랑은 청산유수로 늘어놓고는 실제 민석이가 득템한 물건을 우리가 구경하기란 하늘의 별 따기였지. 아마도 며칠간 연습을 해서 우리랑 비슷하게 타게 될 때쯤이면 들고 나올 거야. 그때까지는 궁금해도 참아야 해.

나는 동원이, 민석이랑 같은 아파트 단지에 살아. 그래서 학교 수업이 끝난 뒤에는 거의 매일 집에 같이 가곤 하지

오늘도 우리는 여느 때처럼 운동장을 가로질러 교문을 빠져나온 뒤 커다

란 횡단보도를 건너서 집으로 향했어. 그런데 집 쪽에 점점 가까워질수록 학교에서는 들리지 않던 귀를 찢을 듯한 소음이 울려 퍼지고 있었어.

"평화로운 우리 동네에 장례식장이 웬 말이냐!"

삑삑거리는 마이크 소음에 더해 누군가의 외침이 들려왔어. 그 날카로운 외침이야말로 진정한 평화를 깨고 있다는 생각이 들었지.

"뭐지? 무슨 소리지?"

동원이가 눈살을 찌푸리며 물었어.

"너 몰랐어? 장례식장 반대 시위하는 거잖아."

민석이가 대단한 정보라도 된다는 듯 말했지.

"장례식장?"

"그래. 우리 상가 옆쪽에 장례식장이 들어온다잖아. 그래서 어른들이 그거 막으려고 반대 시위한다고 하던데."

나는 몰랐다는 듯 고개를 끄덕였어. 사실 엄마에게 들어서 아주 잘 아는 사건이었지만 말이야.

소문처럼 말이 떠돌기 시작한 건 아주 오래전이었어. 벌써 일 년도 넘은 일 같은데, 우리 아파트 단지 옆, 커다란 빈 공터에 장례식장이 들어선다는 이야기가 있다고 엄마가 아빠에게 말했었지.

확실하게 기억이 나는 게 그때 그 일로 엄마와 아빠가 말다툼을 벌이시다 이틀이 넘게 서로 얘기를 안 하셨거든. 이유인즉슨 아빠는 그저 아무렇지 않다는 듯 '그래?' 하고 넘기셨는데 엄마는 그걸 꼬투리로 잡아서 아빠를 공격한 거야.

'당신은 왜 남의 집 이야기처럼 말해요?'

'장례식장이 들어서면 우리 단지에 어떤 피해를 끼칠지 몰라요?'

'큰일이야, 큰일. 당장 집값이 떨어질 텐데 어쩔 거예요?'

엄마가 했던 공격이 이랬던 걸로 기억해. 모르는 사람이 들었다면 아빠가 장례식장이 들어서도록 최종 결정을 내린 중요한 인물이라고 생각했을 거야. 아무튼 그때 참다 참다 아빠가 '무턱대고 반대만 하는 님비 현상'이

 수호의 핵심노트

님비 현상이란?

님비란 '내 뒷마당에서는 안 된다 Not In My Backyard'라는 영어에서 따온 약자예요. 각 단어의 첫 글자를 따서 'NIMBY' 현상이라고 부르게 되었어요.

내가 사는 동네에는 방폐장과 같은 위험시설, 장례식장이나 쓰레기 소각장과 같은 혐오시설이 들어서는 것을 강력하게 반대하는 시민들의 행동을 말하지요.

이렇듯 공공의 이익은 되지만 자신이 속한 지역에는 이익이 되지 않는다며 반대하는 것을 두고, 사람들은 이기적인 행동이라고 말해요. 하지만 반드시 그렇게만 볼 문제는 아니랍니다.

대표적인 님비 시설인 고양시 쓰레기 소각상(환경에너지시설)이에요.

라며 반격에 들어갔고 두 분은 소리 높여 다투시다가 이틀이 넘도록 집 안에 무거운 침묵을 깔아 놓으셨지.

"어! 너희 엄마다!"

민석이 말에 나는 순간 가슴이 쿵 하고 내려앉았어.

'제발 그 너희 엄마가 우리 엄마가 아니기를……'

나는 기도하는 마음으로 민석이가 가리키는 곳을 바라보았어. 그리고 곧 내 기도가 무참히 빗나간 현장을 목격할 수 있었지.

"우리는 장례식장 건립을 반대한다!"

가슴에 붉은 띠를 두른 엄마가 오른손을 들어 올리며 큰 소리로 외치고 있었어. 이어 들려오는 외침들…….

"희망찬 우리 동네에 장례식장이 웬 말이냐!"

"장례식장 옳지 않다! 편의시설 유치하자!"

나는 엄마랑 눈이 마주칠까 봐 얼른 고개를 숙였어.

나도 엄마의 의견에 동의했어. 잘은 모르지만 그냥 장례식장보다는 도서관이나 체육센터 같은 게 들어오면 좋을 것 같았지. 하지만 왠지 엄마의 시위 모습을 지켜보는 건 그다지 유쾌한 일은 아니었어. 게다가 동원이의 말이 가슴에 비수처럼 와서 박혔지.

"어휴, 다들 반대만 하면 장례식장은 어디에 세우냐?"

"그래도 우리 동네에는 안 돼. 그치? 수호야."

나는 왠지 마음이 복잡해졌어. 민석이의 말에 별로 동의하고 싶지 않았거든. 나는 얼른 그 자리를 벗어나고 싶어서 좀 더 빨리 걸었어. 하지만 곧 나를 잡아끄는 목소리가 들려왔어.

"수호야! 이수호!"

뒤를 돌아보자 엄마가 나를 향해 시위 대열에서 빠져나오고 있었어.

"집에 가서 영어 학원 가방 바꿔 가고 식탁 위에 네가 좋아하는 보리개떡 올려놨거든. 그거 우유랑 챙겨 먹고 가."

"크크큭, 개떡이래."

민석이가 재밌다는 듯 웃었어.

그걸 보고 있자니 진짜 개떡 같은 기분이라는 게 어떤 건지 온몸으로 느낄 수 있었지.

 수호의 핵심노트

님비 현상의 유래

님비(NIMBY) 현상, 언제 어떻게 생겨나게 되었는지 알아볼까요?

님비 현상이라는 말은 1987년 3월, 미국 뉴욕 근교의 아이슬립이라는 곳에서 처음 생겨났어요. 미국의 화물선 '모브로 4000호'는 뉴욕 근교의 작은 도시인 아이슬립에서 출항했어요. 당시 배에는 아이슬립 주민들이 배출한 쓰레기 3천여 톤이 실려 있었는데, 쓰레기를 버릴 곳이 마땅치 않자 쓰레기를 받아 줄 곳을 찾아 무작정 항해에 나선 거예요.

그렇게 플로리다, 미시시피, 텍사스 등 남부 지역 6개 주를 돌아다녔지만 어디서도 쓰레기를 받아들여 주지 않았어요. 결국 모브로 4000호는 남미로 방향을 돌려 멕시코, 벨리즈, 바하마까지 항해를 거듭했지만 모두들 "NO! Not In My Backyard!(내 뒷마당에는 안 돼!)"라고 차갑게 대답했지요. 결국 아이슬립의 쓰레기는 6개월간 6개주 3개국, 무려 6천 마일을 떠도는 항해 끝에 다시 아이슬립으로 되돌아오고 말았답니다. 님비 현상은 바로 이러한 일화에서 생겨나게 되었어요.

불통 엄마 VS 까칠 누나의 한판 승부

"어머! 진짜? 알았어. 지금 바로 채널 돌려놓아야겠다."

엄마가 전화기에 대고 이렇게 말하더니 핸드폰을 내려놓고 리모컨을 집어 들었어.

"누군데?"

누나가 통화를 마친 엄마에게 물었어. 전화가 온 건 누나가 저녁 식사를 마친 직후였고, 엄마와 나는 아직 한창 식사 중이었지. 아빠는 들어오시기 전이었고 말이야.

"유리네 엄마야. 아까 같이 시위했거든. 방송국에서 전화가 왔는데 인터뷰가 내일 나갈 거라고 하더니 오늘 저녁 뉴스에 나가게 됐다고 연락이 왔대."

"뉴스요? 엄마 무슨 인터뷰 했어요?"

내가 입안 가득 밥을 우걱우걱 씹으며 물었어.

"아니, 엄마가 아니고 유리 엄마가 했지."

"어휴, 다행이다. 우리 엄마가 그런 인터뷰 했으면 난 창피해서 내일 학교 못 갔어."

창피하다고 하는 걸 보니 누나는 나보다 무언가 한참 더 많이 알고 있는 것 같았어.

"누나, 무슨 인터뷰인데?"

"뻔하지 뭐. 우리 동네는 밝고 맑은 동네예요. 절대 장례식장 같은 어둠의 혐오시설을 받아들일 수 없습니다."

누나가 소파에서 벌떡 일어나더니 손으로 주먹 마이크를 만들어 입에 대고 유리 누나네 엄마 목소리를 흉내 내며 말했어.

"이단비! 까불지 마!"

엄마가 누나에게 눈을 흘기며 말했어.

유리 누나는 우리 누나랑 같은 중학교에 다니는데, 둘은 같은 유치원을

나온 데다 초등학교 6년 내내 붙어 다녀서 아주 친해. 물론 엄마들끼리도 친하지.

유리 누나네 엄마는 흥분하면 말소리가 아주 달라져. 평소에는 정말 부드러운데 흥분하면 마치 초등학교 1학년 아이가 어설프게 교과서를 읽는 거 같다고나 할까?

"어머, 어머, 나온다."

엄마가 리모컨으로 볼륨을 키우며 말했어.

나는 햄 두 개를 얼른 밥그릇에 옮겨 담고 밥그릇을 든 채 텔레비전 앞으로 다가갔어.

"오늘 시사리포터 시간에는 님비 현상, 바로 지역 이기주의 현상에 대해 소개해 드릴 텐데요. 이하나 리포터가 몇 군데 시위 현장을 다녀왔다고 합니다."

여자 앵커의 멘트가 끝나자 나는 엄마의 미간이 심하게 찡그려지는 걸 볼 수 있었어. 잘은 모르지만 '지역 이기주의'라는 말 때문인 것 같았지. 나도 왠지 모르게 불안감이 다가왔어. 지역 이기주의라면 별로 좋은 말은 아니니까.

엄마와 나는 텔레비전 앞으로 좀 더 가까이 다가갔어.

"이하나 리포터, 오늘 다녀오신 현장이 두 곳이라면서요?"

"네, 먼저 소개해 드릴 곳은 장애인 복지관이 건립될 예정인 충청북도에 있는 지역입니다. 먼저 화면 보시죠."

화면에서는 많은 사람들이 모여 장애인 복지관 건립 반대 시위를 하고 있었어. 낮에 우리 동네에 모였던 사람들보다 규모가 훨씬 커 보였지.

사람들은 모두 저마다의 주장을 펼쳤어. 대부분은 장애인 복지시설이 들어서는 걸 싫다고 했어.

"처음에는 장애인 복지시설이 아니었어요. 그냥 주민 복지센터 건립 부지라고 알고 있었지요. 그런데 갑자기 장애인 시설로 바뀌어서 황당했지요."

"저는 반대입니다. 아무래도 몸이 불편한 사람들이 드나들면 보기 좋겠어요?"

"우리 동네 집값 떨어지면 누가 보상해 주나요?"

간혹 다른 의견을 펼치는 주민들도 있었어.

"사람들이 너무 이기적이에요. 장애인 시설은 혐오시설이 아니잖아요. 그걸 무턱대고 반대만 하면 됩니까?"

"저런 시위 하는 사람들, 참 나쁘죠. 자기 재산권만 행사하려고 하고 다른 사람들의 권리는 무시하려는 거예요."

텔레비전에 나온 아주머니 인터뷰에 엄마가 적극적으로 동의하며 나섰어.

"맞는 말이네. 장애인 복지시설을 반대하면 안 되지."

엄마는 이렇게 말하며 저런 게 바로 지역 이기주의라고 덧붙였어.

"엄마, 우리 동네 이야기는 언제 나와요?"

"쉿! 조용히 해 봐. 곧 나올 것 같아."

누나의 말이 끝나기가 무섭게 리포터가 다음 취재현장을 소개한다고 했어. 그리고 나서 오늘 낮에 내가 본 익숙한 장면이 화면 속에서 흘러나왔어.

"와! 저기 엄마다!"

"어머, 내가 왜 저렇게 뚱뚱하게 나오니?"

엄마 목소리에는 불만이 가득했어.

리포터는 우리 동네에 장례식장이 들어설 곳을 소개하고 주민들의 반대로 일의 진행이 늦어지고 있다고 말했지. 그리고 곧 유리 누나네 엄마가 인터뷰를 하는 장면이 나왔어.

"저희는 장례식장이 들어서는 걸 반대합니다. 자라나는 아이들 교육에도 좋지 않고, 저희 주거 환경에도 도움이 될 게 없으니까요. 왜 하필 저희 동네인가요?"

인터뷰가 끝나자 현장 화면은 곧 스튜디오로 연결되었어. 엄마와 누나, 나는 진행자들이 어떤 이야기를 하는지 귀를 쫑긋 세우고 들었어.

그런데 진행자와 리포터의 이야기는 우리가 예상했던 것과는 아주 달랐어. 진행자는 지방자치단체에서 아주 오랫동안 검토하고 계획해 온 중요한 사업들이 주민들의 지역 이기주의로 인해 무산될 위기에 놓여 있다고 말했지. 주민들의 반대 의견을 보다 폭넓게 수용하지 못한 것은 아쉬운

 **수호의 핵심노트**

복지시설이 혐오시설이라고?

사람들은 누구나 비슷한 생각을 가지고 있어요. 내가 사는 동네에 공원이나 체육시설, 종합병원 같은 주민 편의시설이 들어서는 것은 찬성하지만 장례식장이나 쓰레기 매립장, 방사능 폐기장과 같은 혐오시설이 들어서는 것은 반대하지요. 이러한 측면에서 보면 님비 현상을 무턱대고 비난할 수만은 없어요.

하지만 간혹 노인 요양시설, 고아원, 장애인 교육 재활시설과 같은 복지시설을 무턱대고 반대하며 막아서는 경우가 종종 있어요. 이를 지역 이기주의라고 하죠. 자신의 생활에 실질적으로 도움이 되지 않고 혹시라도 집값이나 땅값이 떨어지면 재산권을 침해받을 수 있다는 우려에서 나오는 행동으로 보여요.

그런데 그러한 이유로 노인 요양시설, 고아원, 장애인 교육 재활시설과 같은 복지시설이 들어서는 것을 반대하는 것은 성숙한 시민의 모습이 아니에요. 사회 약자들을 위한 시설을 반대하고 자신의 권리만을 내세우는 이러한 행동은 우리나라가 선진 복지국가로 나아가는 데 걸림돌이 된답니다.

자신의 권리를 주장하기에 앞서 자신보다 어려운 사회 약자들을 배려할 줄 아는 마음을 키우는 것이 진정한 선진민주시민의 자세가 아닐까요?

일이지만 무턱대고 반대만 하는 것도 성숙한 시민의 자세가 아니라고 말이야.

"아니, 무슨 방송을 저렇게 한다니!"

엄마는 화가 많이 나신 것 같았어. 하지만 누나는 달랐어.

"뭐, 우리 선생님도 저렇게 말씀하셨어. 저런 게 모두 지역 이기주의 맞잖아."

"저게 어떻게 지역 이기주의니? 장애인 시설이 들어서지 못하게 하는 건 지역 이기주의가 맞지만 장례식장이 들어서는 건 다르지."

"왜? 우리 선생님이 그러시던데. 모두들 주거 환경에 도움이 되는 시설만 좋아하고 자기네 집값 떨어질 혐오시설이 들어서는 건 결사반대한다고. 그게 바로 지역 이기주의라고."

누나의 말에 엄마가 빽 하고 소리를 질렀어.

"시끄러워! 넌 들어가서 공부나 해!"

도대체 누나는 왜 저러는 걸까? 엄마의 눈에서 나오는 레이저 광선을 느끼지 못하는 걸까?

나는 조용히 식탁 앞으로 갔어. 그리고 불똥이 내게 날아들기 전에 내가 쓴 식기들을 주섬주섬 정리해 설거지통에 담았어.

우리 동네는 무조건 반대야

 방송이 나가고 난 뒤에 엄마의 전화는 쉬지 않고 울려댔어. 누나는 일부러 방에서 나오지 않는 게 분명했지만 나는 정반대였어. 일부러 거실에 앉아서 책을 읽는 척하며 엄마의 동태를, 아니 우리 아파트 단지의 앞날이 어찌 될지를 열심히 예측해 보았지.

 엄마는 유리 누나네 엄마랑 전화 통화를 하며 방송국 사람들을 믿은 게 잘못이라고 한탄했어.

 "분명히 우리를 취재하고 인터뷰를 할 때는 우리의 뜻을 잘 담아 방송할 거라고 했지? 그런데 어떻게 감쪽같이 속일 수가 있냐고!"

 전화기 반대편에서는 유리 누나네 엄마가 우는 것 같았어.

 "울지 마! 뭐 그런 걸 가지고 우니? 창피하긴 뭐가 창피해? 너나 우리 주장은 조금도 틀린 게 없어. 아니, 대체 누가 자기 집 옆에 장례식장이 들어서는 걸 좋아하겠냐고?"

 유리 누나네 엄마와 전화 통화가 끝난 뒤 엄마는 급기야 방송국에 전화를 걸어서 담당 프로듀서를 바꿔 달라고 했어. 그러는 사이에 아빠가 오셨지. 아빠는 화가 난 엄마의 목소리에 당황하신 듯 보였어. 놀란 표정으로 내게 물으셨거든.

 "엄마 누구랑 통화하는 거니? 왜 저렇게 화가 났어?"

 수호의 핵심노트

바나나 현상

바나나 현상은 님비 현상과 비슷한 의미가 담겨 있는 신조어예요. 'Build Absolutely Nothing Anywhere Near Anybody'라는 영어 구절에서 각 단어의 머리글자를 따서 만들어진 말인데, 이 말의 의미는 곧 '어디에든 아무것도 짓지 마라'는 뜻이지요.

이 말에는 특히 각종 환경오염 시설들을 자기가 사는 지역권 내에는 절대 설치하지 못한다는 뜻이 담겨 있어요. 공공정신의 약화, 지역 이기주의의 대표적 현상으로 알려져 있지요.

현대 사회는 환경에 대한 중요성이 커지고 더불어 환경문제에 대한 사람들의 의식이 높아지고 있어요. 원자력 발전소나 핵폐기물 처리장, 쓰레기 소각장처럼 지역 환경이 훼손되고 환경오염이 우려되는 사업에 있어서 지역 주민들은 관련 시설 유치를 적극적으로 나서서 거부하게 되지요. 바로 이러한 현상을 바나나 현상이라고 부른답니다.

거주 지역에 공장이 세워지는 것을 반대하는 말레이시아 주민들

그때 누나가 방문을 살짝 열고 손짓을 하며 조용히 아빠를 불렀어. 나는 아빠를 따라 누나 방으로 들어갔지.

"아빠, 오늘 엄마가 장례식장 건립 반대 시위에 나갔다 오신 건 알죠?"

"그래? 몰랐는데. 엄마가 거기 갔다 왔니?"

나는 엄마가 아빠에겐 비밀로 했다는 것을 알고 있었어. 엄마는 아빠가 엄마 편이 아니라는 걸 잘 아셔. 아빠가 아시면 좋아하지 않으실 거라는 것도 말이야.

"그 시위 현장을 방송국에서 촬영해 갔거든요. 촬영을 할 때는 사람들의 뜻을 방송에서 잘 전달해 줄 것처럼 말했는데, 실제 방송에서는 그렇지가 않았어요."

누나가 제법 조리 있게 이야기를 이어 갔어.

"혐오시설을 반대하는 주민들 입장도 이해가 가지만 대부분은 자기네 집값이 떨어질 것을 우려해서 무조건 반대를 하는 경우가 많다고, 이건 전형적인 지역 이기주의의 모습이라고 비판했거든요."

"그래서 방송을 보고 엄마가 저렇게 화가 난 거구나."

"네. 그래서 지금 방송국 프로듀서한테 항의하는 거예요."

바로 그때였어. 누나 방문이 갑자기 열리며 엄마의 카랑카랑한 목소리가 방 안에 울려 퍼졌어.

"당신은 들어오자마자 거기서 뭐해요? 너희는 숙제 다 했어?"

누나는 아무 일 없었다는 듯 책 속으로 머리를 깊이 파묻었고, 아빠와 나는 썰물처럼 방 밖으로 조용히 밀려나왔어.

아빠가 식사를 하시는 동안 엄마는 방송이 얼마나 편파적이었는지에 대해 아빠에게 열심히 설명하셨어.

"아니, 장례식장이 들어서는 걸 반대하는 거랑 장애인 시설이 들어서는 걸 반대하는 거랑 같아요? 어떻게 둘 다 똑같이 지역 이기주의라고 몰아세울 수가 있어?"

"당신 말대로 사안이 조금 다르기는 하지. 하지만 둘 다 지역 이기주의에 뿌리를 둔 건 맞지 뭐."

"나는 집값 떨어질까 봐 반대하는 게 아니에요. 장례식장 앞을 매일같이 지나다니는 게 우리 애들에게 좋을 게 있겠어요? 나는 애들 생각해서……."

딩동딩동.

엄마의 열변을 멈추게 한 건 늦은 저녁에 울린 초인종이었어.

"이 시각에 누구야?"

나는 얼른 뛰어나가서 현관문을 열었어. 문 밖에는 아래층에 사는 반장 아주머니가 미안한 표정으로 서 계셨지.

"수호 엄마, 늦었는데 미안해요. 쓰레기 소각장 문제 말이야. 그거 반대 서명 받고 있거든."

"아휴, 그렇게 중요한 문제에 밤낮이 어디 있어요. 한밤중이라도 서명해 드려야죠."

　서명을 끝낸 엄마는 반장 아주머니와 한참 동안 서서 저녁에 있었던 편파방송에 대한 이야기를 나누셨어. 아빠와 달리 반장 아주머니는 엄마와 의견이 척척 잘도 맞았지.

　"그나저나 정말 큰일이네. 쓰레기 소각장이 새별시에 유치되는 걸로 결정이 나야 할 텐데 말이에요."

　반장 아주머니가 가고 난 후 엄마가 식탁 앞에 앉으며 말했어.

　"허허, 당신 바빠서 큰일이네. 장례식장 건립 반대 운동에 쓰레기 소각장 유치 반대 운동까지, 몸이 열 개라도 남아나지 않겠어."

　"흥! 당신 말투가 왜 비꼬는 것처럼 들리죠?"

엄마가 이렇게 말하며 싱크대 앞으로 향했어.

탁탁 챙그랑 챙그랑.

설거지 그릇들이 요란한 소리를 내며 한데 모여들고 있었어. 거친 엄마의 손길이 엄마의 기분을 말해 주는 것 같았지.

방송이 나간 다음 날, 우리 반은 종일 방송 내용 때문에 시끄러웠어. 민석이가 아이들에게 쓸데없는 여론조사를 하고 다녔기 때문에 더욱 그랬지.

"야, 너희 엄마도 어제 시위에 나가셨냐?"

"아니. 그런데 그건 왜?"

우리 반 회장 윤서가 심드렁하게 대답했어.

"그럼 윤서네 집은 우리 편이 아니고……."

민석이 수첩에는 찬성과 반대로 나누어져 있었는데, 윤서의 의견을 들은 뒤 민석이는 찬성 편 '바를 정(正)'자에 한 획을 그었어.

"우리 편? 그게 뭔데?"

윤서 목소리에 가시가 돋아 있었어.

"우리 엄마가 그러는데, 이럴 때일수록 우리가 한편이 되어서 한목소리를 내야 한다고 했거든. 그래야 장례식장이 들어서는 걸 막을 수 있다고."

"근데 그거 참 이상한 논리다. 시위에 나가지 않았어도 장례식장이 들어서는 건 반대할 수도 있는 거 아니니? 시위에 나가지 않았다고 무조건 찬성일 거라고 생각하는 건 옳지 않아."

 윤서의 반격이 시작되었어. 나는 민석이가 애초에 윤서를 건드린 게 잘못이라고 생각했어. 윤서는 책벌레라 아는 게 무지무지 많은 아이야. 누구도 말과 논리로 윤서를 이기는 걸 본 적이 없거든. 게다가 그 상대가 민석이라니 결론은 보나 마나 빤했어.

 "내가 알기론 너희 엄마도 시위에 안 나가신 거 같은데, 그럼 너희 집도 장례식장 건립에 찬성한다는 거네?"

 윤서가 민석이에게 물었어.

 "아니, 우리 식구들은 모두 반대야. 우리 엄마는 어제 선약이 있어서 못

나가셨을 뿐이라고."

"참 나! 무슨 그런 엉터리 제멋대로 조사가 다 있니?"

윤서에게 된통 당한 뒤에도 민석이는 우리 반 전체를 놓고 벌이는 여론 조사를 멈추지 않았어. 결국 여기저기서 소란이 일어났고 급기야 선생님은 우리에게 뜻밖의 숙제를 내 주셨어.

'님비 현상, 무조건 나쁠까?'

"너희들이 우리 지역 문제에 대해 관심이 많은 것 같아서 숙제를 내주는 거다. 앞으로 넉넉히 한 달을 줄게. 주제에 관해서는 무엇이든 좋으니 폭넓게 조사해 봐."

아이들 입에서 탄성과 야유가 터져 나왔지만 숙제는 이미 엎질러진 물처럼 칠판 위에 널브러져 있었어.

인포그래픽

복지시설과 님비 현상

님비 현상을 무조건 지역 이기주의로 몰아갈 수는 없어요. 하지만 장애인 시설이나 노인 요양시설처럼 사회적 약자를 위한 재활·교육·복지시설을 무조건 반대하는 것은 우리나라가 선진복지국가로 나아가는 데 큰 걸림돌이 될 거예요.

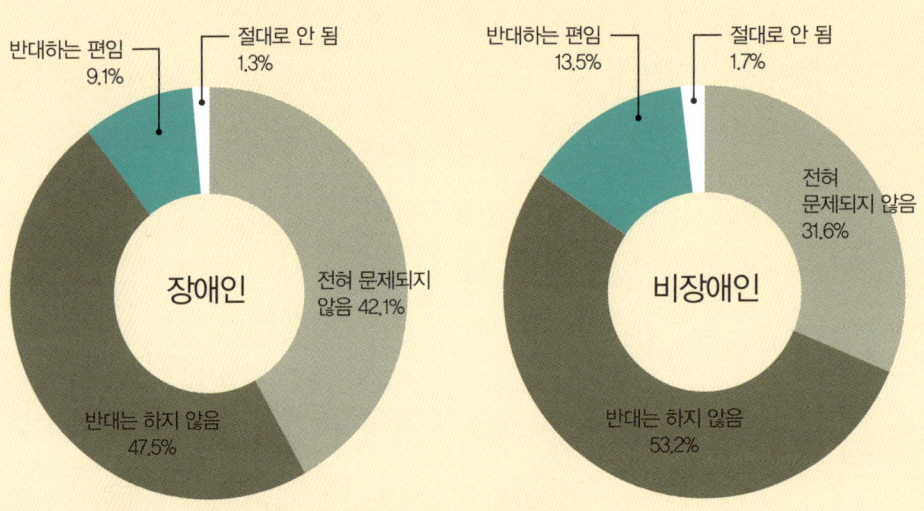

〈장애인 관련 시설 설립에 대한 견해〉

장애인
- 반대하는 편임 9.1%
- 절대로 안 됨 1.3%
- 전혀 문제되지 않음 42.1%
- 반대는 하지 않음 47.5%

비장애인
- 반대하는 편임 13.5%
- 절대로 안 됨 1.7%
- 전혀 문제되지 않음 31.6%
- 반대는 하지 않음 53.2%

자료: 통계청(2016년)

통계청에서 발표한 "2016년 사회조사 결과자료"에 따르면 국민 10명 중 6명 이상은 장애인에 대한 우리 사회의 차별의식이 뿌리 깊다고 느끼고 있는 것으로 나타났어요. 반면 장애인 시설 설립에 대해서는 대다수의 국민들이 자기 집 앞에 건립해도 괜찮다는 의견을 보였어요.

전국 노인 복지시설 얼마나 늘었나	전국 65세 이상 노령인구는?
단위 : 곳 ※( ) 안은 입소 정원 수	단위 : 명 ※( ) 안은 전체 인구 중 노령인구가 차지하는 비율(%)
2015년 75,029 (201,648)	 660만(12.8)
2016년 75,708 (212,601)	 677만 5천(13.2)
2017년 76,371 (219,476)	 707만(13.8)
2018년 77,395 (231,857)	738만 1천(14.3)
2019년 79,382 (266,325)	 768만 5천(14.9)

자료: 행정안전부, 통계청, KDI 경제정보센터

우리 사회 곳곳에서는 노인 복지시설 입주를 둘러싼 갈등이 깊어지고 있어요. 주민들이 자신의 집 근처에 노인 복지시설이 들어서는 것을 반대하는 이유는 노인 복지시설이 집 근처에 들어서면 집값이 떨어지거나 상권에 악영향을 미친다고 생각하기 때문이라고 해요.

님비 현상, 무조건 비난받아야 마땅할까?

한동안 뉴스나 신문에서 사드(고고도 미사일 방어체계) 배치를 반대하는 지역 주민들이 모여 자신의 목소리를 내는 모습을 본 적이 있을 거예요. 또한 주변에서 쓰레기 매립장이나 소각장, 장례식장 등의 혐오시설이 들어서는 것을 반대하며 플래카드를 걸거나 모여서 시위를 하는 사람들을 본 적이 있을 거예요. 그렇다면 이러한 님비 현상들을 모두 '지역 이기주의'로 규정하고 비난해도 되는 걸까요? 어쩌면 내가 사는 지역에서 일어나는 일이 아니기 때문에 그들을 비난하는 것은 쉬운 일일 수도 있어요. 그런데 만약 내가 사는 지역, 우리 집 바로

사드 배치를 반대하는 사람들

앞에 이러한 혐오시설들이 들어선다고 하면 어떨까요? 다른 사람들에게 손가락질하듯 가족과 이웃의 반대도 옳지 않다고 말할 수 있을까요?

국가적인 차원에서 보면 쓰레기 소각장, 매립장, 방사성 폐기물 처리장 등의 시설은 우리 사회에 꼭 필요한 시설이에요. 하지만 지방자치단체 제도 아래에서 각 도시와 지방자치단체들은 이러한 혐오시설을 유치하고 싶어 하지 않아요. 대부분의 사람들은 혐오시설이 다른 지역에 배치되기를 바라지요. 반대로 주민 편의와 복지 향상, 삶의 질에 도움이 되는 시설은 자신이 사는 지역에 들어오기를 바랄 거예요.

이렇게 사람들의 마음, 각 지방자치단체의 태도가 비슷하기 마련이므로 님비 현상을 지역 이기주의의 발로라고 무턱대고 비난만 할 수는 없어요.

환경에 대한 의식이 높아지는 요즘 누구나 쾌적한 환경에서 살기를 원하지, 쓰레기 소각장과 같은 혐오시설 유치로 여러 위험에 노출될 수도 있는 불안정한 삶을 원하지는 않을 테니까 말이에요.

님비 현상은 또 다른 측면에서 보면 그만큼 민주주의가 발달했음을 보여주는 증거가 되기도 해요. 시민들의 권리의식과 참여의식이 점점 높아지면서 자신의 의견을 보다 적극적으로 드러낸 결과이지요.

자신의 권리, 환경권, 생존권, 행복추구권을 주장하는 사람들, 각 지방자치단체 간의 주장과 이견을 조율하고 대화와 타협으로 이끌어 원만한 해결책을 만들어 가는 것이 바로 국가가 할 일이랍니다.

빈칸에 들어갈 알맞은 말은 무엇일까요?

환경기초시설의 필요성과 반대 이유

쓰레기 매립장, 원자력 발전소, 납골당과 같은 환경기초시설은 쾌적한 환경과 지역 발전을 위해 반드시 필요해요. 그러나 지역 주민들에게 불쾌감을 주는 환경기피 시설로 불리기도 하지요. 아래 환경기초시설의 필요성과 주민들의 반대 이유를 정리한 표에서 빈칸에 알맞은 단어를 넣어 보세요.

환경기초시설	필요성	반대 이유
쓰레기 매립장	쓰레기를 쉽게 처리하기 위한 시설. ___ 물질을 줄이고 환경을 보존하기 위해 필요함	___ 와 소음
원자력 발전소	산업발전과 ___ 생산을 위해 필요	___ 유출의 위험성
납골당	시신 ___ 풍습의 단점을 보완하고 좁은 ___ 를 효율적으로 이용하기 위해 필요	시신에 대한 거부감

정답: 쓰레기 매립장: 환경오염, 악취 / 원자력 발전소: 발전 에너지, 방사능 / 납골당: 매장, 국토

2장
지역 이기주의 민주적 해결방법

이모가 이사를 온대요

"엄마, 은수 왔어요?"

나는 현관문을 열고 집 안으로 들어가며 물었어. 학교를 마치기 무섭게 단숨에 집으로 뛰어온 참이었지.

"아직 안 왔어. 이제 거의 다 왔을 거 같은데, 이모에게 전화 한 번 해 봐."

"알았어요."

나는 수화기를 들고 이모에게 전화를 걸었어.

오늘은 외할머니 생신이야. 우리 외할머니는 시골에서 혼자 살고 계신데, 외할머니의 생신날이 되면 엄마가 생신 상을 차리는 동안 아빠가 할머니를 모셔 오셔. 그리고 이모가 우리 집으로 와서 조촐하게 생신 잔치를 열지.

"이모, 어디예요?"

바로 그때였어. 거의 동시에 벨이 울리며 인터폰 화면에 수화기를 든 이모가 나타났지.

"오! 우리 조카 수호! 이모 현관 앞인데 문 좀 열어 줄래?"

나는 얼른 뛰어나가 문을 열었어. 은수는 이모가 맨 아기 띠 안에서 방긋방긋 웃고 있었어. 이모의 두 손에는 종이가방이 잔뜩 들려 있었지.

"언니, 엄마 아직 안 오셨지?"

"응, 거의 도착하셨을 거 같은데."

나는 이모에게서 얼른 은수를 받아 안았어.

돌이 갓 지난 은수는 이제 막 걸음마를 시작한 남자아이야. 누나처럼 친형제는 아니지만 같은 남자라는 사실만으로 나하고 통하는 게 아주 많은 녀석이지. 은수도 그걸 아는 것 같았어. 태어나면서부터 누나가 아무리 예뻐해 줘도 내가 놀아주는 걸 더 좋아했거든. 동생이 없는 나는 엄마 아빠 빼고 세상에서 은수가 제일 좋아.

"음~ 맛있는 냄새!"

이모가 주방 안으로 들어가며 말했어. 그제야 나도 맛있는 음식 냄새가 집 안에 가득 차 있다는 걸 깨달을 수 있었어. 이내 배 속에서도 꼬르륵 소리로 신호를 보내 왔지.

"얘! 나가서 쉬어. 아기 데리고 오느라 힘들었을 텐데, 주방엔 왜 들어오니?"

엄마는 이모를 거실로 몰아내고는 금세 잡채와 전이 담긴 쟁반을 들고 나왔어. 나는 은수와 놀아주며 이모가 입안으로 넣어주는 전과 잡채를 맛있게 받아먹었어.

"참! 언니, 우리 이사해."

"제부 발령지가 결정 났구나. 어디로 가니?"

"언니네랑 가까운 데. 어딘지 맞춰 봐."

"우리랑 가까운 데? 설마 새별시는 아니지?"

엄마가 정색을 하며 물었어.

"맞아. 새별시 두레동으로 갈 거 같아."

"어머! 얘가 미쳤어."

이모와 나는 엄마의 난데없는 외침에 깜짝 놀랐어. 나는 은수가 놀랐을까 봐 걱정이 되었지. 다행히도 은수는 잠시 눈을 동그랗게 뜨고 엄마를 바라보더니 빙그레 하고 웃어 주었어.

"왜?"

"너, 그 동네가 어떤 동네인지 알고 오려는 거야?"

"두레동? 어떤 동네인데? 매일 밤 도깨비라도 나온대?"

"얘가! 너 농담할 때가 아니야. 그쪽으로 쓰레기 소각장이랑 매립장이 들어설 거야."

"아아~ 그거. 난 또 뭐라고. 깜짝 놀랐네."

심각한 엄마와 달리 이모는 정말 대수롭지 않게 말했어.

"그거 별 문제없어, 언니."

진짜로 놀란 사람은 이모가 아니라 이모의 태도를 본 엄마였지. 그쯤 되자 나도 얼마 전에 학교에서 선생님이 해 주신 말이 생각났어.

"엄마, 우리 선생님이 그러는데 그게 꼭 새별시에 유치될 거라고 결정 난 건 아니래요. 어쩌면 우리 두리시에 유치될지도 모른다던데요?"

"무슨 소리니. 두리시에는 절대 못 들어와. 새별시에 유치되기로 이미 다 결정 난 거야. 새별시 사람들이 크게 반발할까 봐 발표를 미루고 있는 거지. 너희 선생님은 잘 모르시면서 왜 애들에게 그런 말씀을 하신다니?"

엄마는 정말 그렇게 알고 믿고 있는 듯 보였어.

"그나저나 너, 아직 집 계약한 거 아니면 새별시로 오지 마."

"언니, 요즘 그런 시설은 예전과 많이 달라. 친환경적으로 만들지 않으면 어디에도 유치하기가 힘들어. 나도 좀 알아봤는데, 별 문제없어 보이더라고."

이모는 정말 아무렇지도 않아 보였어. 나는 그런 이모가 이해가 되었어.

"얘 좀 봐. 이렇게 뭘 몰라서 큰일이네. 어른들끼리 살 거면 몰라도 거기서 은수 키워야 하는데, 은수에게 좋을 게 뭐가 있어?"

"오히려 은수에게 도움이 될 거 같은데?"

"그건 또 무슨 얼토당토않은 소리니?"

"혐오시설이라고 그렇게 못 박아 버리고 무조건 반대할 일은 아니야. 주민들이 걱정하는 사항이 뭔지 시에서 아주 잘 알고 있던데 뭐."

이모는 엄마에게 이모가 알아본 것들과 이모의 생각을 차근차근 설명해 주었어.

이모는 쓰레기 소각장과 매립장을 어디에 짓느냐를 놓고 두리시와 새별시가 오랫동안 갈등을 빚어 왔다고 했어. 그건 분명 필요한 시설이었지만 주민들이 싫어하는 혐오시설이었기 때문에 유치를 찬성하는 사람은 거의 없었지.

그런데 이런 갈등이 점점 줄어들게 된 건 새별시에 새로 뽑힌 시장님 덕분이라고 했어.

"언니도 알다시피 지금 새별시 시장님이 일을 무척 잘하시잖아. 그건 여러 수치로도 드러나는데, 작년에는 지방자치 평가에서 최우수 시로 선정됐다고 하더라고."

"그래, 그건 나도 인정해."

"현 시장님이 이 문제를 해결하겠다고 나서면서 일이 술술 잘 풀리기 시작했어."

이모는 새별시 시장님이 다양한 의견을 수렴하고 주민들의 걱정을 해결하기 위해 어떻게 일했는지, 그래서 주민들의 생각이 얼마나 달라졌는지에 대해 이야기해 주었어. 그건 우리 담임선생님이 들려주신 이야기랑 거의 일치했어.

엄마는 이모의 말을 반신반의하는 것 같았어. 고개를 끄덕이며 듣다가도 가끔씩은 "그 말을 어떻게 다 믿니?"라며 의심의 눈초리를 보이셨지. 그렇게 이모의 이야기가 마무리될 무렵, 아빠가 할머니를 모시고 집으로 오셨어.

수호의 핵심노트

지역 이기주의로 인한 지역 갈등을 줄이려면?

혐오시설이 아닌 요양병원이나 장애인 재활시설과 같은 복지시설을 무조건 반대하는 것은 옳지 않아요. 이러한 시설들은 지역 주민의 생활과 복지를 위해 반드시 필요한 시설이므로 주민들을 설득하는 과정이 중요하지요.

복지시설이 아닌 혐오시설을 유치하는 데 있어서는 시설을 계획·설립하는 단계에서부터 주민들에게 투명하게 정보를 공개하는 것이 중요해요. 그러한 시설 유치로 인해 발생할 수 있는 문제점에 대해 논의, 토론 및 합의하는 과정을 충분히 거쳐야 하지요.

전문가와 주민들이 함께하는 주민 설명회, 공청회 등을 통해서 여러 문제에 대해 민주적으로 대화하고 타협하며 해결해 나가는 과정이 반드시 필요하답니다.

할머니네 난방비의 비밀

그날 저녁, 우리 가족은 모두 맛있는 음식으로 배를 채우고 거실에 둘러앉았어.

하하하, 호호호, 깔깔깔, 까르르 까르르~

이렇게 다양한 웃음소리가 우리 집 안에서 넘쳐나는 건 정말 오랜만이었어. 할머니부터 아빠와 엄마, 이모부와 이모, 나와 누나, 그리고 은수의 웃음소리까지……. 모두들 엄청 즐거워 보였지.

하지만 그런 분위기가 끝까지 이어지지는 않았어. 엄마의 걱정스런 한마디가 한껏 들뜬 분위기에 찬물을 끼얹듯 분위기를 일시에 차분하게 가라앉혔거든.

"여보, 은수네가 새별시로 이사를 올 거래요."

"그래? 잘 됐네."

"아이고, 잘 되긴 뭐가 잘 돼요? 새별시 두레동! 쓰레기 소각장이 들어설 곳이랑 가까운 데라고요."

"그래? 그게 그렇게 결정이 났던가?"

아빠가 고개를 갸웃거리자 이모부가 나섰어.

"아닙니다. 아직 결정이 난 건 아니고요, 들리는 말에 의하면 두리시와 마지막 협의 중이라는 것 같던데요."

"그렇지? 나도 그렇게 들었어."

"무슨 협의요?"

아빠의 말에 엄마가 근심스런 표정으로 물었어.

"두 시가 소각장과 매립장을 나눠서 유치하고 주민 편의시설도 함께 나눈다는 이야기가 있더라고."

"아휴, 말도 안 돼. 우리 동네는 절대 안 돼!"

엄마가 고개를 절레절레 흔들며 말했어.

"언니, 그렇게 반대할 일만은 아니야. 엄마네 봐. 처음에는 우리 모두 얼마나 걱정했어. 그런데 지금 엄마랑 마을 어르신들은 아주 만족하고 계신대."

이모 말에 누나가 재빨리 나서서 물었어.

"이모, 누구요? 할머니네요?"

"응. 할머니네. 지난겨울에 난방비 걱정 없이 따뜻하게 사셨다고 얼마나 자랑하셨니. 그랬지, 엄마?"

"그랬지. 아주 좋더라고."

할머니가 고개를 끄덕이며 말씀하셨어.

나는 이모가 말한 '할머니네 마을 일'이 어떤 건지 기억이 잘 나지 않았어. 어렴풋이 우리 동네에서 일어나고 있는 일이랑 비슷했던 것 같은데, 사실 꽤 오래전 일이었던 데다 그때는 별로 관심이 없었거든.

그런데 문득 선생님이 내 주신 숙제 생각이 났어. 이모에게 도움을 청하기 딱 좋겠다는 생각이 들었지.

"이모, 잠시만 저랑 제 방에 가요."

나는 이모에게 손짓을 하며 말했어,

"그래. 우리 조카가 용돈이 필요한 건가?"

이모 말에 엄마가 갑자기 얼굴빛이 변하더니 단단히 주의를 주셨어.

"너! 엄마 몰래 용돈 받아쓰고 그러면 된통 혼난다는 거 알고 있지?"

"알아요. 숙제 때문에 이모에게 물어볼 게 있어서 그래요."

나는 이모를 데리고 방으로 들어갔어.

"호호, 정말 숙제 때문에 그러는지 내가 감시해야지."

반갑지 않은 부복으로 누나가 뒤따라왔지만, 어려운 숙제를 할 때면 누

지역 이기주의의 민주적 해결방법

나가 가끔 도움이 될 때도 있으니 그냥 두기로 했어.

"이모, 담임선생님이 숙제를 내 주셨는데, 주제가 '님비 현상, 무조건 나쁠까?'거든요. 왠지 할머니네 이야기가 숙제에 도움이 될 것 같다는 생각이 들어서요."

"오! 그래, 아주 딱이네."

"근데 난 할머니네 마을 이야기가 하나도 기억이 안 나요. 그때도 엄마가 막 할머니에게 반대하라고 그랬던 거 같은데……."

"난 다 기억나는데!"

누나가 늘 그렇듯 또 아는 체를 했어.

"벌써 3년 전이라 수호 1학년 때인데 기억이 안 날 수도 있지."

이모는 내게 연필과 메모지를 준비하라고 했어. 이모가 알려 주는 걸 메모하고 좀 더 명확한 사실 관계는 인터넷에서 자료를 찾아보면 금방 찾을 수 있을 거라고 했지.

"처음에 할머니네 마을에 '친환경에너지타운'이 들어선다고 했을 때, 마을에선 찬성보다 반대 의견이 훨씬 많았어."

"친환경에너지타운이요? 왜요? 엄청 좋아 보이는데."

"으이그, 이름만 그럴싸한 정책들이 얼마나 많은데!"

누나가 또 아는 체를 했어.

"이모, 그게 뭐하는 건데요?"

"시골마을에서 나오는 가축들의 분뇨와 음식물 쓰레기 등을 모아서 에너지로 재생산하는 거야."

"으윽! 말만 들어도 고약한 냄새가 진동하는 것 같아."

나는 자신도 모르게 코를 감싸 쥐고 말했어.

"맞아. 마을 사람들이 반대한 이유도 비슷했어. 시에서는 수집된 가축 분뇨와 음식물 쓰레기에서 나오는 가스를 도시가스로 활용하게 되면 난방비도 아낄 수 있고 비료도 무료로 나눠줄 수 있다고 좋은 점들을 알렸지만 많

은 주민들이 반대를 했지."

"우리 할머니도 반대하셨어요?"

"응. 너희 엄마가 특히 심했어. 왜 하필 할머니네 마을에 그런 걸 세우냐고 할머니더러 결사반대하고 나서라며 야단도 아니었단다."

이모는 혹시라도 엄마가 들을까 봐 목소리를 낮추며 말했어.

친환경에너지타운이란?

친환경에너지타운은 하수종말처리장이나 음식물쓰레기처리장, 가축분뇨처리장과 같이 사람들이 기피하고 혐오하는 시설을 활용해서 에너지를 생산하는 곳이에요. 난방비 지원, 비료 무상제공 등으로 지역 주민의 소득에 직접적인 도움을 주고 각종 편의시설을 지어서 생활환경을 개선하는 등 다양한 노력을 기울이고 있어요. 먼저 국민들의 인식을 전환해서 향후 혐오 기피 시설로 인한 갈등을 미리 예방하는 데 그 목적이 있지요.

고형 폐기물을 소각할 때 발생하는 열을 지역난방으로 공급하는 오스트리아의 친환경에너지타운 슈피텔라우 소각장

"그래서 어떻게 됐어요?"

"아마 사업을 진행하기로 한 시기가 많이 늦춰졌을 거야."

"왜요?"

"주민들 반대가 심한데 무조건 밀어붙이면 안 되니까. 이모는 아주 좋은 해결방안이었다고 생각해. 사업 계획을 좀 늦추더라도 주민들에게 충분히 설명할 시간을 갖는 게 좋다고 정부에서 생각한 거야."

"아아, 그렇구나."

바로 그때 엄마가 들어오셨어.

"나 빼고 무슨 비밀 이야기들을 하는 거야?"

"언니 흉보고 있었지."

"그럴 거 같더라. 귀가 간질간질한 게."

"그래서요? 이모, 결국 사업이 진행되었어요?"

"그럼. 주민들의 불만을 해결하기 위한 방안을 마련하고 설득해서 늦게 나마 친환경에너지타운이 세워졌어."

"아아, 그런데 할머니가 만족하신다는 게 뭐예요?"

"응. 친환경에너지타운이 설립된 뒤에도 문제는 많았어. 주민들 우려대로 소음 문제, 악취 문제 등이 불거졌거든."

나는 이모의 말을 최대한 놓치지 않고 받아 적었어.

이모는 시에서 그런 여러 가지 문제들을 개선하려고 노력했고 일 년여의

시간이 지나자 많은 문제점들이 해결되었다고 말했어.

"바이오가스화 시설 때문인지 엄마네 난방비가 거의 반으로 줄었다더라."

엄마가 말했어.

"그것뿐이 아니래. 가축 분뇨랑 음식물 쓰레기로 만든 비료도 아주 좋대. 또 요즘은 '친환경에너지타운'을 배워 가겠다고 다른 시·도에서 찾아오는 사람들도 많은가 봐."

이모는 어떻게 이렇게 많은 걸 알고 있을까? 어려운 숙제가 있을 때마다 이모가 집에 오면 좋겠다는 생각이 들었지.

"끝! 이모 덕분에 숙제 걱정 해결됐어요."

내가 노트를 덮으며 말했어.

"어때? 용돈 주는 것보다 더 괜찮았어?"

"최고예요!"

나는 이모 앞으로 엄지손가락을 척 들어 올리며 말했어.

 수호의 핵심노트

님비 현상을 성공적으로 극복한 홍천 친환경에너지타운

우리나라에서 처음으로 강원도 홍천에 세워진 친환경에너지타운은 님비 현상을 극복하고 에너지 문제, 환경오염 문제 등을 극복한 성공적인 사례로 꼽히고 있어요.
홍천 친환경에너지타운의 특징으로는 마을협동조합과 특수목적법인을 통해서 주민들이 주도하는 사업체계를 마련했다는 점을 들 수 있지요.
먼저 우리나라에서는 처음으로 가축 분뇨 바이오가스를 정제해서 도시가스로 활용하는 방법으로 가구당 91만 원의 연료비를 절감하게 되었어요. 또한 신재생 에너지로 주민 수익을 창출하고 야생화 단지 등을 통해 관광자원도 개발했어요. 거기에 건조야채 생산, 소포장한 퇴비 판매 등으로 마을 주민들의 일자리 창출에도 도움이 되었답니다.

홍천 친환경에너지타운

지역 이기주의의 민주적 해결방법

> 인포그래픽

바이오가스의 생산과 활용

홍천 친환경에너지타운에서는 바이오가스를 도시가스로 정제하고 공급해 지역 주민들의 연료비가 절감되는 경제적 효과를 거두고 있어요. 연간 폐자원 에너지를 통한 주민 경제수익이 1억 4천 6백만 원이나 된답니다.

바이오가스는 음식물 쓰레기, 하수슬러지, 가축 분뇨와 같은 유기성 폐기물을 혐기성 미생물(무산소 상태에서 생육하는 미생물)을 이용해서 발효하여 만든 가스를 말하지요.

바이오가스의 생산과정과 활용 방안에 대해 함께 알아볼까요?

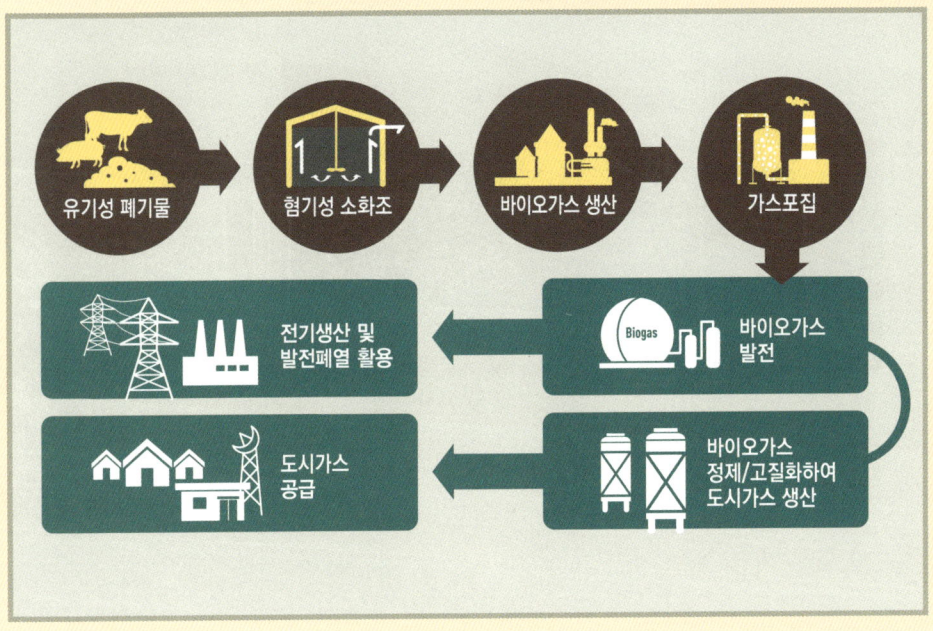

지역 이기주의 님비 현상

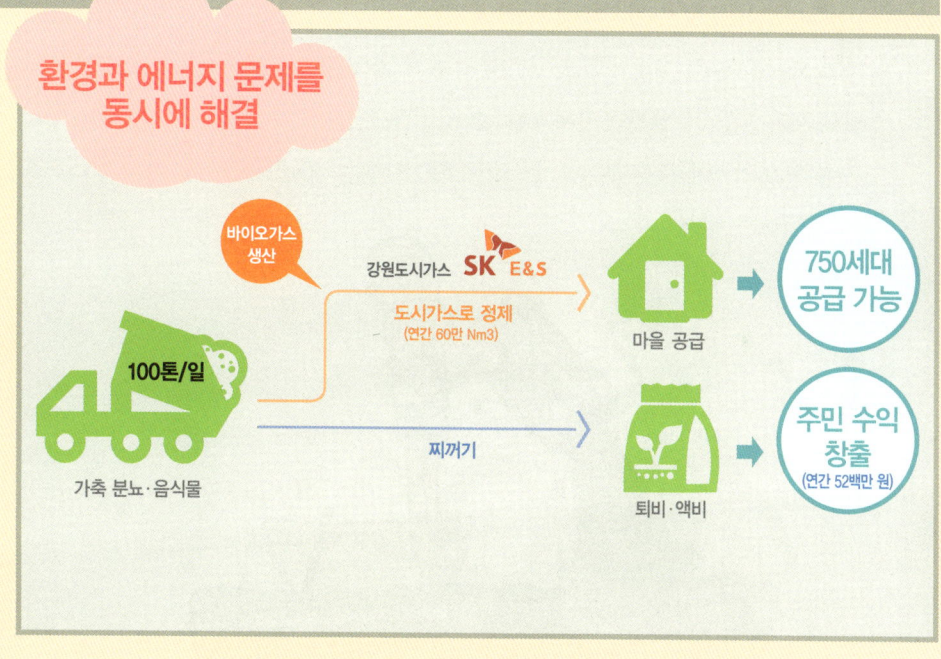

지역 이기주의 민주적 해결방법

나라 사이에도 님비 현상이 존재할까?

바젤협약이라고 들어 보았나요?
바젤협약은 유해폐기물의 국가 간 이동 규제 및 처리에 관한 법률이에요. '내 앞마당에는 안 돼'라는 님비 현상이 '우리나라는 안 되고 다른 나라에!'라는 국가 간의 님비 현상으로 확대되는 것을 규제하기 위한 협약이지요.
미국이나 유럽의 선진국들은 아주 오래전부터 자기 나라에서 발생하는 산업폐기물들을 아프리카나 남미 등 제3국가로 수출해 버려 왔어요. 특히 바젤협약이 맺어지기 직전인 1986년에서 1988년 사이에 선진국들은 천문학적인 양의 쓰레기를 아프리카에 수출했어요. 한 예로 1989년에는 10군데의 유럽회사가 나이지

지역 이기주의 님비 현상

리아에 방사능 물질이 포함된 산업폐기물을 '건설용 화학제품'이라고 속여서 수출하고, 무단으로 버려지게 했지요. 또 노르웨이의 한 회사는 미국으로부터 아프리카 기니에 유해폐기물 1만 5천 톤을 수입해서 버렸는데, 이로 인해 수많은 나무들이 말라 죽어버리는 일이 일어났어요. 이러한 일이 알려지자 국제 사회에서는 이 문제를 그냥 두고 볼 수 없다는 여론이 거세졌지요.

미국이나 유럽의 선진국들이 이렇게 쓰레기를 자기 나라에 버리지 않으려는 이유는 간단해요. 폐기물을 처리하는 데 비용이 너무 많이 드는 데다, 처리했다 하더라도 나중에 그것이 환경오염의 원인이 되었다는 게 밝혀지면 어마어마한 배상금을 물어야 하기 때문이지요. 그래서 비교적 저렴한 비용으로 폐기물을 버릴 수 있는 아프리카나 남미, 아시아 등의 나라들로 폐기물을 수출하게 된 것이에요.

그런데 미국이나 유럽과 같은 선진국의 자연환경은 소중하고 아프리카나 남미, 아시아 국가의 자연환경은 오염되어도 괜찮은 걸까요? 물론 그렇지 않아요. 모두 똑같이 보호되어야 하지요. 그래서 국제사회는 지구 환경보호를 위해 국제 협력의 필요성을 깨닫게 되었어요.

1989년 스위스 바젤에서 채택된 바젤협약은 이렇게 유해한 폐기물이 불법으로 이동하는 것을 줄이자는 나라 간의 약속이에요. 우리나라도 1994년 3월에 바젤협약에 가입했어요.

그런데 안타깝게도 이 협약이 체결된 뒤에도 강대국들의 유해폐기물 수출은 끊이지 않고 계속되고 있답니다.

다음 설명에 맞는 것을 찾아 이어 보세요.

가 '어디에든 아무것도 짓지 마라'는 뜻이에요. 이 말은 이기주의적인 의미로 쓰이기 시작했어요. 특히 각종 환경오염 시설들을 자기가 사는 지역권 내에는 절대 설치하지 못한다는 뜻이 담겨 있지요.

1 친환경에너지타운

나 하수종말처리장이나 음식물쓰레기처리장, 가축분뇨처리장과 같이 사람들이 기피하고 혐오하는 시설을 활용해서 에너지를 생산하는 곳을 이르는 말이에요.

2 바젤협약

다 유해한 폐기물이 불법으로 이동하는 것을 줄이자는 나라 간의 약속이에요. 우리나라도 1994년 3월에 가입했어요.

3 바나나 현상

라 다른 지역의 사정은 돌아보지 않고 자기 지역의 이익이나 행복만 추구하려는 태도나 입장을 이르는 말이에요.

4 지역 이기주의

정답: 가-③, 나-①, 다-②, 라-④

3장
님비시설을 핌피시설로!

새별시의 주민 설명회

장례식장 건설 문제로 우리 동네가 방송에 나온 지 세 달쯤 지났어. 그동안 크고 작은 일들이 몇 가지 있었지. 그중 별 거 아닌 작은 일은 내가 언젠가 열릴 토론 대회 주자로 선정됐다는 거야.

그 계기는 이모 덕분이었어. 나는 이모가 알려 준 할머니네 마을 친환경 에너지타운에 대해 아주 꼼꼼히 조사했고, 엄마 아빠가 할머니를 모셔다

드릴 때마다 숙제를 핑계 삼아 직접 견학도 다녀왔어. 그걸 토대로 나름대로 발표 자료를 만들어서 발표를 했는데 결과가 아주 좋았어. 선생님이 아이들 앞에서 이렇게 말씀하셨거든.

"주민들에게 혐오시설이었던 것이 어떻게 모두가 반기는 시설로 변할 수 있었는지, 그간의 문제와 해결점들을 수호가 아주 명확하게 조사해 주었어. 선생님이 보기에 이 이야기는 그냥 숙제 발표로 지나가기에는 너무 아깝구나. 조만간 토론 시간을 잡아서 수호가 토론 대표로 나가 실력을 발휘해 보는 게 좋겠는걸."

"와! 대단한데!"

"오올~ 이수호 짱!"

캬! 그때 나를 우러러 보던 우리 반 아이들의 시선이란! 벌써 한참이나 지났는데도 잊히지 않아.

그러는 동안 엄마에게는 장례식장 문제보다 더 중요한 일이 일어났는데, 그중 하나는 이모가 얼마 전에 새별시로 이사를 왔다는 거야. 그리고 또 다른 하나는 쓰레기 소각장이 새별시가 아닌 우리 두리시에 들어서게 될 거라는 발표가 났다는 거지.

지난주 저녁, 지역 뉴스 시간에 그런 내용의 뉴스가 나왔어. 마침 우리 식구들이 모두 모여서 과일을 먹고 있을 때였지.

"두리시에 소각장이 들어서기로 거의 결정이 난 거 같은데?"

아빠가 엄마 눈치를 보며 조심스럽게 말씀하셨어.

"그러네요."

엄마의 대답은 한마디로 아주 고요했어. 그러자 누나가 한마디 거들었어.

"우리 엄마, 포기했나 봐. 예전처럼 왜 하필 우리 동네냐고 화도 안 내고 서명운동도 안 하고 시위도 안 나가시네."

"에휴, 그게 무턱대고 시위한다고 해결될 일이 아닌 것 같더라."

엄마가 한숨을 내쉬며 말했어.

"은수가 새별시로 이사를 와서 엄마가 아무래도 은수네 동네에 소각장이 들어서는 게 걸리나 보다."

아빠가 말했어.

"그런 것도 없지 않아 있고, 사실 오늘 설명회 다녀오니 무턱대고 반대만 하는 것도 좋은 건 아닌 것 같더라고요."

엄마가 말했어.

사실 나는 엄마가 그날 오후에 주민회관에서 열린 친환경 쓰레기 소각장 유치 설명회에 다녀왔다는 걸 알고 있었어.

"참! 주민 설명회가 오늘 있었지! 가서 이야기 좀 듣고 왔어?"

"네. 유리 엄마랑 다녀왔지요."

"어땠어? 우리 동네에 들어와도 괜찮겠어?"

"우리 동네에 안 들어오면 어디에 세워요?"

엄마의 뜻밖의 대답에 아빠와 누나, 그리고 나는 어리둥절한 표정으로 서로를 바라보았어.

"쓰레기 안 버리고 사는 사람이 어디 있겠어요? 우리도 마찬가지지만 버리는 건 마음껏 버리면서 매립장, 소각장은 다들 싫다고만 하니 문제죠."

"그건 맞아."

나도 누나도 엄마 말에 전적으로 동의했어.

"새별시와 두리시가 매립지랑 소각장을 사이좋게 나눠 짓기로 했나 봐요. 내가 생각해 봐도 위치로 보아 그게 좋을 것 같더라고요."

엄마가 말했어.

"엄마, 매립장이 더 낫지 않아요? 소각장이 들어오면 공기가 더 나빠지잖아요."

"아니야, 매립장보다 소각장이 더 나아. 너 쓰레기 매립장 근처에서 얼마나 지독한 냄새가 나는지 모르지?"

누나와 내가 매립장과 소각장을 놓고 다투자 엄마가 설명회에서 받아온 홍보물을 우리에게 던져 주었어.

"요즘은 쓰레기 소각장이란 말도 잘 안 쓴단다."

"어! 환경과학공원?"

"어니? 와! 멋진데!"

엄마가 준 홍보물에는 큰 제목으로 '두리시 환경과학공원 유치 주민 설명회'라고 적혀 있었어. 예상 조감도는 예쁜 색감의 일러스트로 표현되어 있었는데, 그림책 그림처럼 아기자기하고 재밌었어.

"님비시설을 핌피시설로? 누나, 님비시설을 핌피시설로 바꾼다는 말인가 봐."

"너, 핌피가 무슨 말인지 알아?"

가끔 누나는 나를 이렇게 무시하곤 하지.

"당연히 알지. 내가 이 주제로 숙제를 얼마나 열심히 했는데 그것도 모르겠어?"

나는 누나에게 핌피 현상에 대해 자세하게 대답해 줬어. 그런 뒤 우리 둘은 엄마가 건넨 홍보물을 살펴봤지.

"와! 누나, 여기 체육센터도 있다."

"야호! 수영장도 있다."

찬찬히 뜯어본 조감도에는 조깅코스, 실내 수영장이 포함된 체육센터, 어린이 놀이터, 생태공원, 과학관 등이 자리하고 있었어.

"엄마, 이게 진짜 쓰레기 소각장 맞아요?"

"그렇단다. 요즘은 그렇게 친환경 공간으로 만든대. 우리가 상상하던 혐오시설이 아닌 거야."

나는 엄마가 무조건 반대에서 왜 마음이 바뀌었는지 알 것 같았어. 나도 이런 시설 하나쯤 들어오면 운동도 하고 산책도 하고 완전 좋을 것 같았으니까.

"이건 뭐야? 운산 환경과학공원 주민견학 신청서?"

아빠가 종이 한 장을 내밀며 엄마에게 물었어.

"충남 운산시에 환경과학공원이 있나 봐요. 우리 시에 들어설 소각장이 거기에도 있다는데, 원하는 주민들을 모아서 사전에 시설을 둘러보게 해 준대요."

핌피 현상이란 뭘까?

핌피 현상은 님비 현상의 반대 개념이에요.

핌피(PIMFY)는 'Please In My Front Yard'에서 첫 글자를 따서 만든 약어로, '제발 우리 앞마당에 유치해 주세요'란 뜻이지요.

백화점이나 대형 쇼핑몰, 대기업 빌딩, 지하철 등 지역경제에 유리한 건물, 혹은 생활에 편리함을 더하는 시설 등이 자신의 지역, 집 근처에 들어오기를 바라는 것을 핌피 현상으로 보면 된답니다. 핌피 현상은 님비 현상과는 반대 개념이지만 지역 이기주의라는 관점에서는 두 현상이 똑같답니다.

우리나라에서도 지방자치 시대가 열리면서 핌피 현상을 자주 목격할 수 있었어요. 예를 들어 김포 도시철도, 호남 고속철도, 항공정비단지, 서울 세종고속도로 등을 놓고는 지역마다 앞 다퉈 서로 유치하려고 경쟁을 벌였던 것을 들 수 있답니다.

핌피 현상의 대표적인 예인 김포 도시철도 공사장이에요. 공사비 문제로 서울시와 갈등을 겪어 백지화가 될 뻔했으나 지역 주민들의 반발로 2014년에 공사가 시작되었어요.
출처: 김포철도사업단.

지역 이기주의 님비 현상

"엄마, 나도 거기 가 봐도 돼요?"

나는 호기심이 발동했어.

"당연하지. 그럼 엄마랑 같이 신청할까?"

"좋아요!"

이렇게 해서 엄마랑 나는 운산 환경과학공원에 견학을 가게 되었어.

운산 환경과학공원

"자, 두 분이 도착하시면 곧 출발하도록 하겠습니다."

두리시 개발과 공무원이라고 자신을 소개한 아저씨가 이야기한 두 사람은 민석이와 민석이네 엄마였어. 나는 동원이와 함께 버스에 앉아서 민석이가 얼른 나타나기를 기다리고 있었지.

엄마와 함께 견학을 신청한 다음 날, 나는 학교에 가서 동원이를 꼬드겼어. 아무래도 친구랑 같이 가면 더 재미있지 않겠어? 그러다 민석이에게

정보가 흘러갔고 결국 민석이네 엄마와 민석이, 동원이네 엄마와 동원이, 그리고 엄마와 내가 함께 가게 된 거야.

출발 예정시간이 10분쯤 지났을 때, 우리가 탄 견학 버스를 향해 달려오는 민석이와 민석이 엄마가 보였어. 허겁지겁 버스에 올라선 두 사람은 턱까지 차오른 숨을 차분히 가라앉혔어. 그러는 동안 버스가 출발했어.

버스는 두 시간 이상을 쉬지 않고 달렸어. 운산 환경과학공원이라는 이정표가 점점 더 자주 눈에 띄더니, 우리가 탄 버스가 드디어 목적지에 도착했지.

"여기 쓰레기 소각장이라고 하지 않았어?"

민석이가 버스 밖을 내다보며 물었어.

"맞아."

나와 동원이가 동시에 대답을 했지. 민석이가 무슨 말인가를 더 하려고 했지만 마이크를 든 공무원 아저씨가 먼저 이야기를 꺼냈어.

"자, 이제부터 천천히 이곳을 둘러보게 될 텐데요. 내리셔서 버스 앞에 잠시 대기해 주시기 바랍니다."

견학을 온 사람들 중에서 아이들은 우리 셋이 전부였어. 나와 동원이, 민석이는 자연스럽게 맨 앞으로 나섰고 엄마들은 엄마들끼리 뒤에서 따라왔어.

우리는 공무원 아저씨를 따라다니며 공원 곳곳을 둘러보았어. 운산 환경 과학공원은 내가 생각했던 것보다 훨씬 넓었어.

맑은 날씨 덕분인지 잔디공원은 더 푸르게 보였고, 동네 유치원에서 견학을 온 아이들이 그 위에서 신 나게 뛰어놀고 있었어.

넓은 공간에 건물들이 띄엄띄엄 배치되어 있었는데, 그다지 크지도 않은 데다 모두 나지막하고 독특한 모양을 하고 있었어.

"저 건물은 주민센터, 멀리 오른쪽에 보이는 건물이 도서관, 그리고 맨 아래 입구 쪽에 위치한 건물은 건강증진센터입니다."

나는 혹시 나중에 토론대회 자료로 쓸 일이 있을지도 모른다는 생각에 열심히 사진을 찍어 두었어.

"쓰레기 태우는 메케한 냄새가 전혀 안 나네요."

"그러니까요. 대체 소각장은 어디 숨어 있대요?"

엄마와 민석이 엄마가 말했어.

"이곳에서 제일 높은 것을 찾아보시면 돼요."

공원에 대해 소개해 주던 공무원 아저씨가 엄마의 대화에 끼어들었어.

"저 탑이요?"

민석이가 우뚝 솟아 있어서 어디서든 눈에 잘 띄는 탑을 가리키며 말했지.

"맞았어. 저게 뭘까?"

"공원 전망대?"

동원이가 말했어.

"하하하, 전망대도 있으니 틀린 말은 아닌데, 정확하지는 않아."

"굴뚝 아니에요?"

정답을 맞힌 건 나였어.

"맞아. 저게 굴뚝이란다. 쓰레기를 소각하고 나오는 가스가 저 굴뚝을 통해 밖으로 배출되는 거지."

"나쁜 공기를 내보내느라고 굴뚝을 최대한 높게 지은 거예요?"

나는 문득 떠오른 생각을 곧바로 내뱉었어.

"아니야. 쓰레기를 소각하며 나온 가스는 여러 과정을 거쳐서 오염물질이 완전히 제거된단다. 저 굴뚝을 통해 나오는 가스는 청정가스라고 봐도 돼."

"아아, 그렇구나."

아저씨의 설명을 들으니 안심이 되면서 고개가 절로 끄덕여졌어.

아저씨는 마지막으로 우리가 둘러볼 시설이 가장 중요한 곳이라고 알려 주었어.

"이제부터 폐기물 반입장을 보실 거예요. 바로 여러분들이 상상하셨을 쓰레기의 악취가 가득한 곳이니 마음의 준비를 단단히 하시기 바랍니다."

폐기물 반입장은 음식물 쓰레기와 재활용 쓰레기를 제외한 일반 쓰레기를 싣고 온 차들이 곧바로 들어오는 곳이야. 그래서 그런지 고약한 냄새가 가득 들어차 있었어.

"우웩! 고약한 냄새."

견학단 모두가 그곳에 준비된 특수 마스크를 착용했는데도 냄새를 전부 막을 수는 없었지. 정말 신기한 건 이곳 출입문에는 에어 커튼(건물 출입구 등에 두꺼운 공기 흐름을 만들어 외부의 공기와 차단함으로써 열의 손실 및 먼지·가스 등의 침입을 방지하는 설비) 및 다른 정밀한 장치가 설계되어 있어서 폐기물 안의 공기가 절대 밖으로 나가지 못하도록 되어 있다는 거야.

"여러분들 운이 좋으십니다. 저기 폐기물 트럭이 바로 폐기물을 쏟아 버리는 장면을 딱 맞춰 보기란 쉽지 않거든요."

우리는 폐기물이 버려지고 소각되는 과정을 지켜보았어. 또 폐열 보일러실에서 발생하는 열이 공원 곳곳에 에너지를 어떻게 제공하는지에 관해서

님비시설을 핌피시설로! - 아산 환경과학공원

아산 환경과학공원은 아산시 배미동에 위치해 있는데, 쓰레기 소각장 위에 만들어진 친환경 생태공원이에요. 쓰레기 소각장은 대표적인 혐오시설, 즉 님비시설인데 이러한 님비시설이 지역 주민들이 반겨 이용할 수 있는 핌피시설로 변화된 좋은 사례가 되고 있어요.

공원 안에는 환경과학공원뿐 아니라 장영실 과학관, 아산 생태곤충원 등이 있고 150m에 이르는 전망대에 오르면 아산 시내를 한눈에 내려다볼 수 있어요.

장영실 과학관에는 어린이들이 체험을 통해 기초과학을 만날 수 있는 다양한 공간이 꾸며져 있고, 장영실의 일대기와 조선의 과학발달사를 한눈에 알아볼 수 있도록 전시물이 준비되어 있답니다.

살아 움직이는 곤충을 직접 만져보고 곤충에 대한 다양한 정보를 얻을 수 있는 생태곤충원도 어린이들에게 인기가 많아요.

아산 환경과학공원의 생활자원처리장에서는 아산시와 근처 홍성과 당진의 쓰레기까지 처리하고 있어요. 하지만 이곳에서는 폐기물 소각시설 하면 누구나 떠올릴 수 있는 악취, 연기, 소음 등을 전혀 찾아볼 수 없지요. 게다가 쓰레기를 소각해 에너지를 만들어 내고, 그 에너지가 공원 내 시설들에 이용된다고 해요.

아산 환경과학공원 출처: 한국관광공사.

도 알게 되었어.

"이제야 왜 이곳을 환경과학공원이라고 부르는지 알겠다."

동원이가 커다란 궁금증이 해소되었다는 듯 말했어.

"나도 알 거 같아."

민석이가 동원이 말에 동조를 했고, 나는 말없이 그 의미에 대해 가만히 떠올려 보았어.

그건 아마도 이런 의미가 아닐까?

이곳은 우리가 버린 쓰레기가 지구를 오염시키지 않도록 과학의 힘을 빌려서 쓰레기를 재생산하는 곳이야. 바로 환경을 생각하는 과학이 살아 숨 쉬는 곳이지. 겉으로 보기에도 '쓰레기 처리장'보다는 주민들이 휴식을 취하는 공원에 더 가깝고. 그러니 환경과학공원이라는 말이 아주 잘 어울리는 곳이지.

운산 환경과학공원에서 집으로 돌아오는 길에 엄마가 물었어.

"오늘 견학 어땠어?"

"이 정도 공원이라면 우리 동네에 하나쯤 있어도 괜찮겠어요."

엄마는 가만히 웃으시며 내 의견에 동의를 하시는 것 같았어.

장례식장의 화려한 변신

"여보, 이 기사 봤어?"

토요일 오전, 아빠가 운동을 나갔다가 들어오시며 엄마를 찾았어.

"무슨 기사인데 그래요?"

늦은 아침을 먹고 보드게임을 하던 나랑 누나도 덩달아 엄마 아빠 옆으로 다가가서 바싹 붙었지. 아빠가 사서 들고 오신 주말 신문에는 낯익은 사진과 함께 "혐오시설에서 핌피시설로의 변화를 기대하며"라는 인터뷰 기사가 실려 있었어.

"어머! 이거 우리 동네 이야기네."

엄마는 아빠에게서 신문을 받아서 꼼꼼히 읽어 보셨어.

"뭔데요? 뭐라고 나와 있어요?"

내가 재촉하자 아빠가 엄마 대신 이야기를 해 주었어.

"우리 동네에서 한창 갈등을 빚어 왔던 장례식장 문제에 대해 나온 거야. 장례식장이 혐오시설이라 주민들이 싫어하는데 그걸 무턱대고 비난만 할 수는 없다는 거지."

"맞아요."

"그래서 다른 방안을 검토 중에 있다고 한단다."

"그게 뭔데요? 다른 장소에 짓는대요?"

"아니, 장례식장의 명칭을 달리하자는 거야. 예를 들어 무슨 건강증진센터나 무슨 종합병원으로 바꾸자는 거지."

"그건 완전히 다른 의미 아니에요?"

누나가 고개를 갸웃하며 물었어.

"다른 의미가 아니라 장례식장을 포함해서 짓고 포장을 다르게 하자는 거지. 사람들은 자기 동네에 종합병원이나 건강증진센터 같은 시설이 들어오는 것은 싫어하지 않거든. 그런 건 오히려 유치를 환영하는 핌피시설로 본단다."

"아아~ 그러니까 장례식장을 안 만드는 게 아니라, 만들긴 하는데 건강증진센터나 종합병원을 세우고 그 안에 장례식장을 포함시키는 거네요."

"맞아. 아예 용도를 변경해서 짓자는 거지."

누나와 아빠의 대화가 끝나자 엄마가 기사를 다 읽으셨는지 신문을 내려놓으셨어.

"음, 이런 방법이 있었구나!"

"어때? 그런데 당신도 지금 알았어?"

아빠는 엄마가 동네일이라면 뭐든지 다 안다고 생각하는 것 같았어.

"그렇지 않아도 말이 나왔었죠. 용도를 변경한다, 어쩐다 하는 말이 있기에 또 무슨 장난을 치려나 하고 걱정은 하고 있었죠. 그런데 이렇게 바뀌는 거라면 나쁘지 않네요."

　엄마는 신문 기사를 핸드폰으로 찍더니 유리 누나네 엄마에게 보내는 것 같았어. 그러자 잠시 후 유리 누나네 엄마에게서 전화가 왔어.

　엄마는 신문 기사 하나로 기분이 무척 좋아 보였어. 이왕이면 종합병원이 들어서면 좋겠다며 유리 누나네 엄마랑 한참 동안 이야기를 나누었어.

　주말이 지나고 나서 일주일, 한 달, 두 달……, 시간이 지날수록 장례식장 이야기는 점점 종합병원 이야기로 바뀌어 가고 있었어.

　엄마 아빠의 말대로 동네 주민들은 장례식장 대신 종합병원이 들어온다면 얼마든지 환영이라고 좋아했어. 물론 종합병원에는 장례식장도 포함되

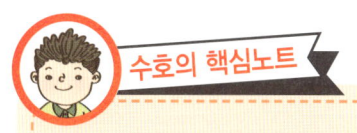 수호의 핵심노트

지역갈등을 극복하고 님비시설을 유치한 사례 서울 원지동 추모공원

서울시는 1998년부터 서울에 최초로 도심 장례 화장시설인 추모공원을 건립하려는 계획을 세웠어요. 하지만 해당 구청과 주민들의 반대로 사업은 오랫동안 진행이 되지 못했지요. 장례시설, 화장시설은 주민들이 싫어하는 대표적인 혐오시설에 해당되기 때문에 그 지역 주민들의 반대는 대단했어요.

주민들의 반발로 서울시의 사업은 진행되지 못한 채 약 7년간 법적인 분쟁을 치러야 했어요. 주민과의 소통을 위해 마련한 주민과의 대화는 무려 430회 이상 가졌다고 하지요. 이러한 과정을 거쳐서 추모공원을 추진한 지 14년 만인 2012년에 드디어 추모공원이 완공되었고 정식으로 개장되었어요.

원지동 추모공원은 주민들의 요구를 적극 반영해서 화장시설 건물 전체를 지하화해 외부에서 보면 공원의 일부로 보이도록 설계했어요. 지붕은 주변의 청계산 경관과 어우러지게 했고 환기와 자연채광이 잘 이루어지도록 중점을 두었지요. 또한 배출가스와 냄새 문제를 해결하기 위해서 첨단 시스템을 설치 및 관리하고 있어요.

서울 원지동 추모공원은 지역 주민과의 오랜 시간에 걸친 대화와 타협, 주민들의 이해와 도움으로 세워질 수 있었어요. 서울 원지동 추모공원은 화장시설에 대한 뿌리 깊은 님비의식 및 지역갈등을 극복한 성공적인 사례로 손꼽히고 있답니다.

서울 원지동 추모공원 출처: 서울시설공단.

어 있지만 말이야.

 주민들의 의견을 묻는 조사가 진행되었고 90% 이상의 주민들이 종합병원이 들어서는 것은 찬성한다는 결과가 나왔지.

 그 뒤로 우리 동네에서 장례식장 건립 반대에 대한 이야기는 자취를 감추었어. 대신 종합병원 유치에 대한 의견들이 곳곳에서 머리를 들었지.

대부분의 주민이 찬성을 한다고 해서 모든 게 조용하고 평화로워진 건 아니었어. 크고 작은 의견 충돌은 어디서든 계속되는 것 같았거든. 엄마는 종합병원이 들어선다고 모든 게 해결된 건 아니라고 했어. 교통이나 주차 등의 다른 문제들도 서로 협의하고 합리적인 방향으로 조율해 가는 게 중요하다고 했지.

어쨌든 나는 한결 마음이 편안해졌어.

"어휴, 엄마가 시위하러 나가지 않아도 된다니 다행이에요."

"하하하, 수호는 엄마가 시위에 나가는 게 싫었어?"

엄마가 의외라는 듯 물었어.

"당연하지요. 엄마가 누구랑 싸우는 거 같아서 싫어요."

내 말에 아빠가 나섰어.

"수호야, 민주주의 사회에서는 누구든 자신의 의견을 제시하고 주장할 권리가 있어. 엄마도 시위를 통해서 그 권리를 행사한 거지 누구랑 싸우자고 시위를 한 건 아니란다."

"에이, 아빠. 저도 그 정도는 알죠."

"그래, 맞다. 우리 수호가 곧 토론왕이 될 텐데 아빠가 몰라 봐서 미안!"

아빠가 놀리려 하는 말이라는 걸 잘 알고 있었지만 토론왕이라니, 괜히 우쭐한 기분에 어깨에 힘이 들어가는 것 같았지

인포그래픽

님비시설을 핌피시설로

쓰레기 소각장, 하수처리장, 화장장 등의 혐오시설은 누구나 꺼리는 시설이지만 반드시 필요한 시설이기도 해요. 정부나 지방자치단체들은 이러한 혐오시설로 인해 발생하는 여러 갈등을 지혜롭게 해결하고자 다양한 노력을 기울이지요. 혐오시설에 주민 편의시설을 더해 핌피시설로 탈바꿈해 가는 사례들을 알아볼까요?

혐오시설을 활용한 사례들	
시설	편의시설
하남시 환경기초시설	모든 시설 지하화, 지상은 공원과 체육시설로 활용
수원시 환경사업소	골프장, 인조잔디 축구장, 생태공원
구리시 자원회수시설	소각장 굴뚝(높이 100m)에 전망대 설치, 실내수영장 등

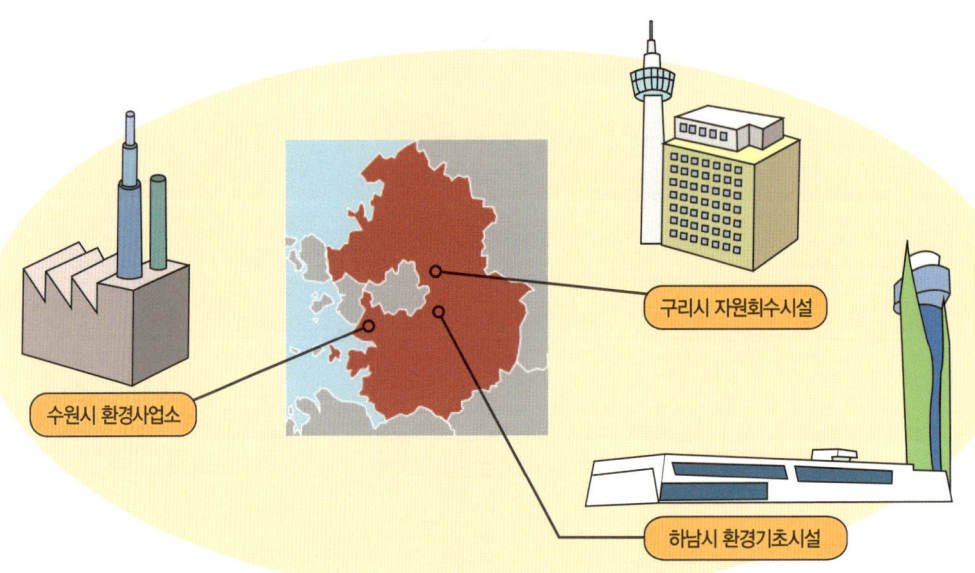

지역 이기주의 님비 현상

하남 환경기초시설 사업 계획표

- 2011년 9월: 착공
- 2013년 11월: 폐기물처리시설 공사 완료
- 2014년 2월: 전망대, 상부공원 공사 완료
- 2014년 3월: 상부공원 및 시설 개방
- 2015년 2월: 하수처리시설 공사 완료
- 2015년 6월: 슬러지 건조시설 공사 및 전체 공사 완공
- 완공 이후: 일 평균 50t의 생활 폐기물 처리 일 평균 80t의 음식물 쓰레기 처리와 동시에 사료로 제작해 연 평균 1억 원의 수입

자료: 하남 환경기초시설 사업계획표

하남시의 환경기초시설인 '유니온파크&유니온타워'는 노후화된 음식물처리장의 시설을 개선하고 지하에 폐기물처리시설과 하수처리시설을 함께 설치했어요. 지상에는 공원, 물놀이시설, 다목적체육관, 야외체육시설 등의 문화공간과 주민친화시설을 조성해 놓았지요.

수원시 환경사업소는 수원시에서 발생하는 하수와 분뇨를 모아 처리하는 시설이에요. 혐오시설의 이미지를 개선하기 위해 각종 체육시설과 화산체육공원을 조성해서 주민들의 호응도가 높아요.

구리시 자원회수시설은 구리시에서 발생하는 생활폐기물 중에 소각이 가능한 폐기물을 소각 처리하는 시설을 갖추고 있어요. 자원회수시설의 남은 열을 이용해서 실내수영장, 사우나 시설, 전망대 등 각종 편의시설에 공급하지요. 또한 축구장, 풋살구장 등 체력 단련 시설이 들어서 있답니다.

녹색 님비, 무엇이 문제일까?

'녹색 님비'라는 말을 들어 보았나요?
녹색 님비는 자신이 사는 지역에 신재생 에너지 시설이 들어오는 걸 반대하는 것을 말해요.
일반적인 혐오시설이 들어오는 것을 반대하는 님비 현상에서 더 나아가 대기오염물질을 배출하지 않는 신재생 에너지 시설로까지 님비 현상이 확대되는 현상을 말하지요.
몇 가지 사례를 예로 들어 볼까요?
경남 밀양에서는 풍력발전소가 들어서는 것을 반대하고 충남 가로림만 지역에서는 지역 주민들이 조력발전소가 들어오는 것을 반대했어요.
또 서울 양천구 목동에서는 열병합발전소에 지으려던 수소연료전지 발전시설 건립 계획을 모두 백지화해야 했어요. 이 발전시설은 공해물질을 배출하지 않지만 주민들의 강한 반대에 부딪혀 더 이상 추진할 수 없게 된 거예요.
이러한 녹색 님비 현상은 왜 생겨난 걸까요?
그것은 '해가 될 것이 거의 없는 시설이더라도 나에게 도움이 되지 않으면 유치할 필요가 없다'는 사람들의 이기적인 생각이 깔려 있기 때문이에요. 물론 그게 다는 아니에요. 주민들은 환경파괴와 소음공해를 이유로 들고 있지요.
이러한 현상을 두고 전문가들은 신재생 에너지 시설이 지역경제에 미치는 기여도가 너무 작기 때문에 주민들이 선뜻 반기지 않는 거라고 해석하기도 하지요.

녹색 님비 현상을 두고 무조건 '주민의 이기심'을 탓하는 것은 바람직하지 않아요. 그에 앞서 신재생 에너지 시설의 수익을 주민들과 나누고 지역 발전에 도움이 될 수 있는 방법을 적극적으로 찾아내야 하지요. 그래야만 주민들의 참여를 유도하고 반대를 찬성으로 돌릴 수 있는 기회를 얻게 될 거예요.

목동 열병합발전소예요. 주민들의 강한 반대에 부딪혀 목동 열병합발전소에 지으려던 수소연료전지 발전시설 건립 계획을 모두 백지화해야 했어요.

님비시설, 핌피시설 구분하기!

아래에 여러 가지 시설들이 있어요.
님비시설, 핌피시설로 알맞게 나누어 적어 보고, 님비 현상, 핌피 현상이 일어나는 이유 또한 두 군데로 나누어서 적어 보세요.

- 신공항
- 장례시설
- 하수종말처리장
- 백화점
- 교도소
- 종합체육센터
- 쓰레기 매립장
- 대형쇼핑센터

이유
주거환경이 나빠진다. 지역경제가 좋아진다. 건강에 악영향이 우려된다. 악취와 소음이 우려된다. 주민 복지에 도움이 된다.

님비 현상을 일으키는 님비시설과 그 이유

핌피 현상을 일으키는 핌피시설과 그 이유

정답: 님비시설: 장례시설, 하수종말처리장, 쓰레기 매립장, 교도소 - 주거환경이 나빠진다, 건강에 악영향이 우려된다, 악취와 소음이 우려된다.
핌피시설: 신공항, 백화점, 종합체육센터, 대형쇼핑센터 - 지역경제가 좋아진다, 주민 복지에 도움이 된다.

4장
갈등을 극복하고 화합을 이루다

두리시와 새별시의 화합

"새별시 사업은 온전히 새별시로!"

"우리는 쓰레기 소각장을 반대한다!"

"나눠 갖기 밀실행정 물러가라!"

엄마랑 마트에 다녀오는데 시청이 위치한 큰 길 사거리에 사람들이 많이 모여 있었어. 사람들이 들고 있는 피켓은 잘 보이지 않았지만 쩌렁쩌렁 울려 퍼지는 외침으로 어떤 모임인지 금세 알 수 있었지.

"엄마, 쓰레기 소각장이 두리시에 들어오기로 결정 난 거예요?"

"거의 그렇게 돼 가는 것 같아."

엄마는 확실히 예전과는 달라졌어. 달라지지 않았다면 분명 저 많은 사람들 사이에서 큰 소리로 소각장 건설을 반대한다고 외치고 있었을 테니까 말이야.

"엄마는 이제 반대 안 해요?"

"응, 엄마는 두 시의 결정을 받아들이기로 마음먹었어."

엄마가 이런 위대한 결심을 하기까지는 시위 현장을 쫓아다니는 것만큼이나 바쁜 시간을 보내야 했지.

엄마는 쓰레기 소각장 건설과 관련된 설명회, 전문가들의 이야기를 듣는 공청회, 주민과의 대화 등등 무슨 정보든 하나도 놓치지 않으려고 빠짐없이 나갔어.

"저기 모인 사람들도 엄마처럼 언젠가는 마음이 바뀔 수 있을까요?"

나는 차 안에서 점점 멀어지는 시위대를 바라보며 물었어.

"글쎄? 꼭 그럴 필요는 없을 것 같은데."

"왜요? 엄마처럼 모두 찬성하면 좋잖아요."

"수호야. 사람들의 다양한 의견이 공존하는 게 민주주의 사회의 특징이야. 엄마는 처음에는 반대했다가 여러 의견을 듣고 서로 대화하고 타협해서 지금은 반대하지 않고 있지. 하지만 매립장이 지어지고 주민들 건강에 악영향이 우려된다면 문제를 해결하기 위해 또 나설 거야."

나는 엄마의 마음이 어떤 건지 이해가 되었어.

"시에서 우리에게 약속한 것들이 지켜지지 않으면 또 나서서 약속을 이행하라고 우리의 주장을 펼쳐야지."

"좋아요, 엄마. 그땐 나도 같이 나갈래요."

그날 저녁, 우리는 이모네 집으로 저녁 초대를 받아 갔어. 이모가 하는 일 때문에 할머니가 당분간 은수를 봐주러 이모네 집에 올라와 계셨지.

저녁을 다 먹고 우리 가족은 쓰레기 소각장과 매립장에 대해 이야기를 나누었어.

나는 두 도시가 공평하게 나눠 쓰기로 했으면 다들 좋아할 줄 알았는데, 낮에 본 두리시 사람들이 여전히 시위를 하는 게 이상하다고 말했지.

"집 근처에 쓰레기 소각장을 짓는다는데 좋아할 사람이 어디 있겠니?"

할머니가 은수를 안아 올리며 말씀하셨어.

"엄마, 그래도 새별시랑 두리시의 환경 빅딜은 현명한 선택인 것 같아요."

"환경 빅딜? 그건 또 뭐래니?"

할머니가 물었어. 이모의 말에 나도 귀가 번쩍 뜨였어. 처음 듣는 말이었거든.

"이모, 나도 궁금해요. 그게 뭐예요?"

"환경 빅딜은 자치단체나 국가 간에 환경 문제를 상호 협력해서 해결하기 위해 환경에 관한 시설과 기술 등을 서로 교환하는 것을 말해."

"아아, 영어로 '딜을 한다'고 할 때의 그 '딜'이네요."

누나가 말했어.

"맞아. 두리시에는 쓰레기 소각장을 건설하고 이웃인 새별시에는 쓰레기 매립장을 만드는 거지. 두리시에서 발생하는 매립용 쓰레기는 새별시로 가고 새별시에서 발생하는 소각용 쓰레기는 두리시로 가는 거지. 서로 두 시설을 나눠 이용하는 거야."

"음, 그런데 이모. 그렇게 한다고 환경오염 방지에 도움이 되는 건 아니지 않아요? 어차피 태울 쓰레기는 다 타고 매립할 쓰레기는 다 매립되는 건데……."

누나가 말했어.

 **수호의 핵심노트**

환경 빅딜의 대표적인 사례
구로구와 광명시의 환경기초시설 빅딜

우리나라에서 이루어진 최초의 환경 빅딜은 구로구와 광명시의 환경 빅딜이에요. 먼저 이러한 빅딜이 이루어지게 된 배경부터 알아볼까요?

1996년 서울시에서는 광명시와 가까운 구로구 천왕동에 구로구 쓰레기 소각장을 건설하겠다는 계획을 발표했어요. 이러한 계획이 발표되자 구로구와 경계지역에 거주하던 광명시 광명동 주민들은 구로구의 소각장 건설을 적극적으로 반대하고 나섰어요.

그런데 이즈음 구로구보다 먼저 광명시에서 외곽에 쓰레기 소각장을 건설하고 있었어요. 게다가 광명시에서는 쓰레기 분리수거 처리 목표 용량이 조금 여유가 있었던 터라 구로구의 쓰레기를 받아서 처리하는 게 가능했던 거예요. 또한 때마침 광명시의 하수를 처리해 주던 서울시에서는 더 이상 광명시 하수를 처리해 주기가 힘들어져 따로 하수처리장을 만들 것을 요구하려던 차였지요.

이렇게 구로구와 광명시는 서로 필요로 하는 시설을 나눠 쓰는 방안을 검토하게 되었고 2000년 4월에 서울시, 경기도, 구로구, 광명시 4자 간에 협약이 이루어지게 되었어요. 그 후 구로구에서 발생하는 가연성 쓰레기는 광명시 쓰레기 소각장에서 처리하고 광명시에서 발생하는 생활하수는 서울시에서 건설한 서남하수처리장에서 처리하게 되었답니다.

광명시 쓰레기 소각장 자원회수시설과 홍보관을 모델링하여 폐자원을 문화예술작품으로 승화시킨 업사이클아트센터. 광명시의 대표적인 명소로 자리 잡았어요.
출처: 광명업사이클아트센터.

지역 이기주의 님비 현상

"꼭 그렇게만 볼 일은 아니야. 경제적으로 두 도시에 모두 이득이 되거든. 비슷한 시설에 투자되는 비용을 아낄 수 있으니까."

"아하! 정말 그러네요."

이모는 그렇게 절약된 예산으로 두 도시의 복지나 교육 예산으로 쓸 수 있다면 얼마나 좋은 일이냐며 환하게 웃었어.

님비 현상, 지역 이기주의로 비난받아 마땅할까?

딩동댕동 딩동댕동.

수업 시작을 알리는 종이 울렸어.

"아, 떨려. 준비 다 됐지?"

동원이가 책상 위에 있는 자료들을 훑어보며 물었어.

드디어 오늘이 학기 초에 선생님이 말씀하셨던 토론대회가 열리는 날이야. 선생님이 처음 예고를 하셨을 때 이후로 시간이 너무 많이 흘러 모든 걸 다 잊었을 법도 하지만 나는 아니, 사실 우리 반 아이들은 그럴 수가 없었어. 왜냐하면 그동안 내내 장례식장 건설 문제랑 쓰레기 소각장, 매립장 문제로 온 도시가 시끌벅적했거든. 물론 아직도 찬성 편에 선 사람들, 반대를 하는 사람들은 비슷하게 나뉜 채 팽팽한 기운을 유지하고 있었지.

"자, 토론 참가자들은 각자 자리에 앉았지?"

선생님이 우리를 둘러보며 말씀하셨어.

"네."

토론자들은 나름 긴장이 되는지 평소보다 작은 소리로 대답했어. 나는 대답 대신 가볍게 심호흡을 했어. 그러고는 반대편에 앉은 패널들을 살펴보았어.

미소를 짓는 민석이와 눈이 마주치자 순간 머쓱한 기분이 들었어. 윤서가 바로 민석이 옆에 앉아 있었는데, 마지막까지 자료에서 눈을 떼지 않았지.

윤서를 보자 갑자기 마음 깊은 곳에서 승부욕이 샘솟았어. 체육대회 결승전에서 상대편과 마주한 것도 아닌데, 토론장에서 그런 느낌이 들다니 내 스스로에게 놀라운 기분이 들었어.

"자, 이번 기회에 토론을 잘 하는 법에 대해서 짚고 넘어가자."

선생님은 이렇게 말씀하시며 양쪽으로 나뉜 토론석 가운데로 들어와 서셨어.

"모두들 잘 알고 있겠지만 토론은 한 주제를 놓고 찬성과 반대로 나뉘어서 논리로 무장을 하고 상대편을 설득하는 것이 핵심이란다. 그러려면 상대방의 이야기를 잘 듣는 것이 중요하겠지."

선생님은 토론하는 바른 자세, 바르게 말하고 바르게 듣는 토론 매너에 대해 간략하게 이야기해 주었어.

"자, 주제는 칠판에 써 있는 그대로다. 다 같이 한번 읽어 보자."

선생님의 말씀에 우리는 목소리를 높여 토론 주제를 외쳤지.

"님비 현상, 지역 이기주의로 비난받아 마땅할까?"

윤서와 민석이는 비난받아 마땅하다는 네 명의 아이들 사이에 앉아 있었고 나와 동원이는 그 반대편에 앉아 있었어.

"자, 그럼 토론을 시작하자. 님비 현상이 지역 이기주의로 비난받아야 한다고 주장하는 편에서 먼저 모두발언으로 자신의 의견을 짧게 이야기해 볼까?"

선생님의 말씀이 끝나기가 무섭게 의견을 들고 나선 사람은 역시 윤서였어.

"님비 현상! 그 뜻이 무엇인지는 아마 다들 잘 알고 계실 겁니다. 혐오시설을 내 뒷마당, 우리 지역에는 절대 들어오게 할 수 없다는 말이지요. 저는 토론대회를 준비하면서 먼저 님비의 사전적 의미가 어떻게 나와 있는지 사전을 찾아보았습니다. 여기 학습용어사전에서 찾아보았더니 정확히 이렇게 정의가 되어 있더군요."

윤서가 들고 있던 책을 앞으로 펼쳐 보이며 말했어.

"'공공의 이익은 되지만 자신이 속한 지역에는 이익이 되지 않는 일을 반대하는 이기적인 행동이다'라고 말이에요. 여러분은 이기적인 사람, 이기적

인 행동 하면 어떤 생각이 떠오르십니까? 저는 지금껏 부모님과 선생님께 이기적인 사람이 되지 말라고 가르침을 받아 왔습니다. 그런데 님비 현상은 지역 이기주의의 끝판왕입니다. 비난받아 마땅하냐고요? 물론입니다!"

"오오오!"

방청석에 앉은 우리 반 아이들이 박수를 치며 윤서의 말에 크게 호응을 보였어. 우리 반에는 똑똑한 윤서 팬들이 많이 있거든.

나는 사회자를 향해 손을 번쩍 들었어.

"이수호 패널 말씀하세요."

"지구상에서 님비 현상을 절대 찾아볼 수 없는 곳이 있습니다. 님비 현상을 '지역 이기주의'라고 무조건 비난하고 싶어도 비난할 수 없는 곳이지요. 그곳이 어디인지 아십니까? 바로 북한입니다. 국민의 자치권과 발언권이 인정되는 민주주의 사회에서는 님비 현상이 아주 자연스러운 현상입니다……."

"오오오!"

우리 반에는 내 팬클럽은 절대 없어. 하지만 내 이야기에 호응을 해 주는 친구들이 분명 있었지. 나는 민주주의 사회에서 흔히 볼 수 있는 님비 현상을 지역 이기주의라며 무조건 비난해서는 안 되는 이유에 대해 열심히 주장을 펼쳤어.

우리들의 토론은 팽팽한 긴장감 속에서 오랫동안 계속되었어. 그러는 동안 나와 친구들은 님비 현상과 성숙한 시민의식에 대해 많은 생각을 하게 되었지. 나는 우리 모두가 어른이 되어도 오늘 깨달은 것들을 잊지 않고 꼭 기억할 수 있었으면 하는 바람을 조용히 가져 봤어.

인포그래픽

우리 사회의 주요 갈등

1995년부터 시작된 지방자치 시대가 어느덧 30주년을 바라보고 있어요.
지방자치주의는 지방정부의 자율성과 효율성을 높여 지역 민주주의의 만족을 극대화한다는 장점이 있어요. 하지만 이는 곧 지역 이기주의, 집단 이기주의라는 부작용을 낳기도 했지요.
우리 국민들은 우리 사회의 가장 큰 갈등이 무엇이라고 생각할까요?
또 기피시설을 반대하는 이유에 대해서도 알아보아요.

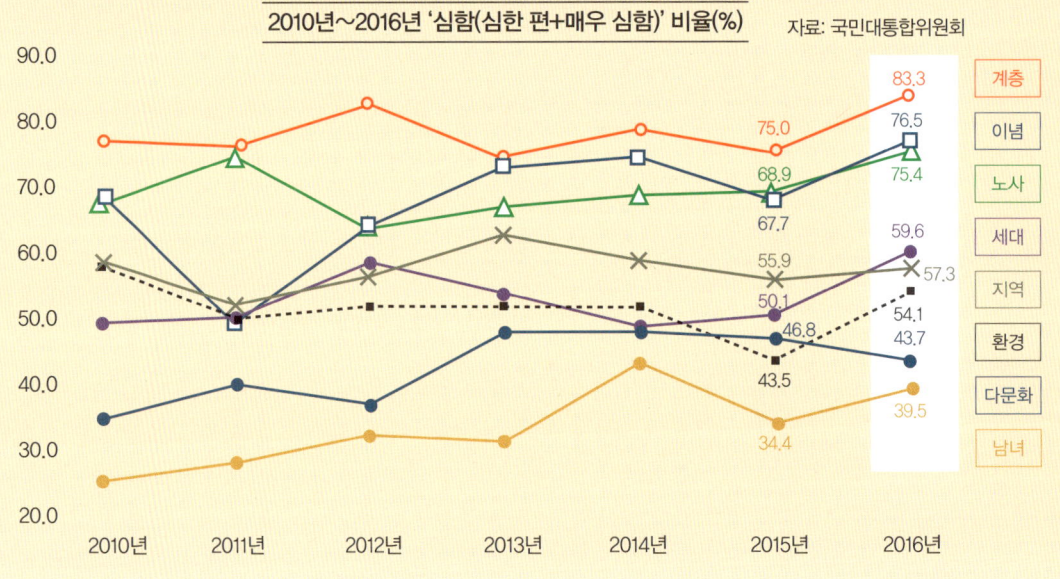

국민대통합위원회가 2017년에 발표한 국민통합 국민의식 조사 결과에 따르면 '지역갈등' 부문의 '심함' 정도는 지난 7년간 8개 항목 중 꾸준하게 4~5위를 기록한 것으로 나타났어요. 이처럼 지역 이기주의는 사회적 통합을 저해하는 핵심적인 문제로 지적되고 있어요.

지역 이기주의 님비 현상

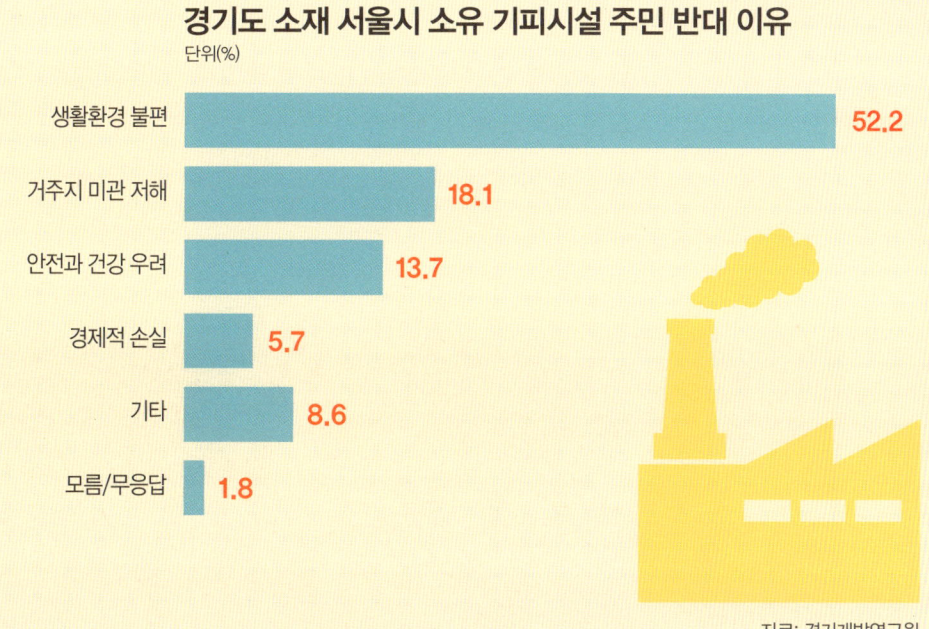

경기개발연구원에서 조사한 자료에 의하면 지역 주민들은 기피시설을 반대하는 가장 큰 이유로 생활환경의 불편함과 거주지 미관을 해친다는 점을 꼽았답니다.

민주주의 사회에서 지역갈등을 해결하는 방법은?

님비 현상과 핌피 현상은 어느 나라나 한 지역에 국한된 이야기가 아니에요. 사람들이 모여 살고 있는 곳이면 어디든 어렵지 않게 볼 수 있는 세계적인 현상이지요. 대부분의 사람들은 장례시설, 쓰레기 소각장, 매립장 등의 환경 관련 혐오시설, 교도소나 보호관찰소 등의 님비시설이 자신이 사는 지역에 들어오는 것을 바라지 않지요.

하지만 이러한 지역 이기주의 때문에 반드시 필요한 국가의 여러 가지 사업들

하버드 대학 캠퍼스 내에 조성된 추모시설.

이 제대로 진행되지 못하는 것은 국가와 국민 모두에게 불행한 일이 아닐 수 없답니다. 그렇다고 민주주의 사회에서 보다 쾌적한 환경에서 살고자 하는 주민들의 욕구를 무시할 수는 없는 일이지요.

그렇다면 이러한 님비 현상으로 인한 지역갈등을 어떻게 해결해 나가야 할까요?

먼저 정부는 국책 사업을 결정하는 데 있어 최대한 공정성을 유지해야 해요. 각종 시설을 유치하기 위한 최적의 위치를 선정해야 하는데 그 과정이 누가 보아도 납득이 되도록 투명하게 진행되어야 하지요. 국책 사업에 대한 국가의 원칙이 바로 서 있어야 한다는 점이 무엇보다 중요해요.

다음으로는 지역 주민들의 의견을 수렴하고 이해와 협조를 얻어낼 수 있는 충분한 논의과정이 필요해요. 국가의 사업을 위해 자신의 권리와 이익을 포기해야 하는 주민들에게는 그에 상응하는 선에서 합리적인 보상도 이루어져야 하지요. 미국의 한 대학 캠퍼스 안의 묘지와 추모공원은 누가 보아도 혐오시설로 여겨지지 않을 만큼 주위와 자연스럽게 조화를 이루고 있어요. 일본의 여러 마을에서도 각 동마다 설치된 추모시설이 잘 꾸며진 공원으로 단장해 주위와 어우러져 있지요. 이러한 예처럼 혐오시설로 기피되는 시설들을 쾌적한 환경 아래 문화와 휴식이 제공되는 복합시설로 탈바꿈시키려는 노력도 필요하답니다.

민주주의 사회에서 환경에 대한 국민의 인식과 권리의식의 수준은 점점 더 높아지고 있어요. 그만큼 갈등 상황이 늘어나는 것도 피할 수 없는 일이지요. 님비 현상으로 인한 주민들의 갈등과 국가적 혼란을 최대한 줄이기 위해서는 국가와 지방자치단체, 지역 주민들의 이해와 협력이 함께해야 한답니다.

갈등 해결, 어떻게 하면 올바르게 해결될까?

지역 이기주의 현상으로 지역 내 또는 지역 간의 갈등이 깊어질 때, 어떻게 하면 갈등을 해결할 수 있을지 친구들이 각자의 의견을 말하고 있어요. 이 중에서 바람직하지 않은 의견을 낸 친구를 찾아보세요.

동원: 정부나 지방자치단체는 혐오시설을 유치할 때 최대한 공정성을 유지해야 해.

수호: 주민들이 반대하면 주민들을 이해시키고 설득하려는 노력을 기울여야지.

민석: 반대하는 주민에게는 무조건 특별한 혜택을 주어서 반드시 찬성으로 돌리는 것도 좋은 방법이야.

윤서: 국가의 사업을 위해 개인의 이익과 권리를 포기하는 국민에게는 그에 상응하는 선에서 합리적인 보상이 따라야 해.

정답: 민석. 반대하는 주민에게 특별한 혜택을 주어 찬성을 유도하는 것은 공정하지 못하고, 그리고 다른 주민들의 이의신청이나 불만을 발생할 수 있어요.

님비 현상 관련 사이트

아산시 생활자원처리장 www.asanfmc.or.kr/green

아산 환경과학공원 내에 위치하고 있는 생활자원처리장을 소개하는 사이트예요. 쓰레기 소각이 어떻게 이루어지는지 각 공정별로 자세한 안내가 나와 있어요. 악취와 소음을 떠올리는 혐오시설이 최첨단 과학시스템으로 거듭나 주변 자연과 어우러지고 주민 편의시설이 더해지면 핌피시설도 될 수 있다는 것을 알게 될 거예요.

홍천 친환경에너지타운 http://www.hcenergytown.com

홍천 친환경에너지타운이 어떤 곳인지 한눈에 알 수 있도록 시설물들이 잘 소개되어 있어요. 님비 현상을 성공적으로 극복한 홍천 친환경에너지타운 사이트에는 견학을 위한 체험 상담 코너도 마련되어 있습니다.

서울특별시 자원회수시설 rrf.seoul.go.kr

다양한 문화공간을 조성해 님비시설에서 핌피시설로 탈바꿈한 자원회수시설에 대한 소개 및 장점과 특징, 폐기물 관리 및 처리과정, 재활용, 매립지 관리 등에 대해 상세히 알려주고 주민 편의시설과 각 지역별 주민지원 협의체를 구성해 시민의 참여를 독려하고 있는 곳이에요. 서울시에서 하는 자원회수시설 외에 구리시(guritower.guri.go.kr), 안산시(www.ansan-rrif.co.kr) 등에서도 관련 사이트를 운영하고 있답니다.

환경부 www.me.go.kr

우리나라 자연환경에 관한 일을 담당하는 곳으로, 환경 분야 빅데이터를 분석하여 친환경에너지에 대한 정보 및 친환경에너지타운 등의 시설이 우리에게 주는 혜택 등을 알려주는 곳이에요.

어려운 용어를 파헤치자!

님비 현상 내가 사는 동네에는 방폐장과 같은 위험시설, 장례식장이나 쓰레기 소각장과 같은 혐오시설이 들어서는 것을 강력하게 반대하는 시민들의 행동을 말해요.

친환경에너지타운 하수종말처리장이나 음식물쓰레기처리장, 가축분뇨처리장과 같이 사람들이 기피하고 혐오하는 시설을 활용해서 에너지를 생산하는 시설이에요.

핌피 현상 님비 현상의 반대 개념으로, 백화점이나 대형 쇼핑몰, 대기업 빌딩, 지하철 등 지역경제에 유리한 건물, 혹은 생활에 편리함을 더하는 시설 등이 자신의 지역, 집 근처에 들어오기 바라는 것을 의미해요.

환경 빅딜 자치단체나 국가 간에 환경 문제를 상호 협력해서 해결하기 위해 환경에 관한 시설과 기술 등을 서로 교환하는 것을 말해요.

혐오시설 싫어하고 꺼리는 시설을 말해요.

지역 이기주의 다른 지역의 사정은 돌아보지 않고 자기 지역의 이익이나 행복만 추구하려는 태도나 입장을 말해요.

에어 커튼 건물 출입구 등에 두꺼운 공기 흐름을 만들어 외부의 공기와 차단함으로써 열의 손실 및 먼지·가스 등의 침입을 방지하는 설비예요.

혐기성 미생물 무산소 상태에서 생육하는 미생물이에요.

바이오가스 음식물 쓰레기, 하수슬러지, 가축 분뇨와 같은 유기성 폐기물을 혐기성 미생물을 이용해서 발효하여 만든 가스예요.

원자력 발전소 원자핵이 붕괴할 때 생기는 열 에너지를 동력으로 하여 전기를 얻는 발전소예요.

핵폐기물 처리장 원자력 발전소에서 나오는 방사성 핵폐기물을 처리·관리하는 시설이에요.

쓰레기 소각장 쓰레기를 태우는 곳이에요.

환경권 모든 국민이 건강하고 쾌적한 환경에서 공해 없이 생활을 누릴 수 있는 권리를 말해요.

지방자치제 지방의 정치와 행정을 그 지방 주민들에 의해 또는 주민의 대표자를 통해 자율적으로 처리해 나가도록 한 제도예요.

하수종말처리장 하수를 모아 최종 처리를 하는 하수 처리장이에요.

협동조합 공통의 목표를 갖고 있는 사람들이 뜻을 같이하고 힘을 한데 모아 자신들의 처지를 개선하고 필요를 충족시키기 위해 만든 경제조직이에요.

특수목적법인 특수한 목적을 수행하기 위해 일시적으로 만들어지는 일종의 페이퍼컴퍼니를 말해요.

국책 사업 사회·경제적 필요성에 따라 해결해야 할 연구 개발 과제 중 국가가 그 목표를 설정하여 관리, 추진하는 대규모 연구 개발 사업을 말해요.

신나는 토론을 위한 맞춤 가이드

님비 현상에 대한 이야기를 재미있게 읽었나요? 이제 님비 현상에 관한 한 박사가 다 되었다고요? 그 전에 마지막 단계인 토론을 잊지 마세요. 토론을 잘하려면 올바른 지식과 다양한 정보가 바탕이 되어야 해요. 책을 다 읽고 친구 또는 엄마와 함께 신나게 토론해 봐요!

잠깐! 토론과 토의는 뭐가 다르지?

토론과 토의는 모두 어떤 문제를 해결하기 위해 의견을 나누는 일입니다. 하지만 주제와 형식이 조금씩 달라요. 토의는 여러 사람의 다양한 의견을 한데 모아 협동하는 일이, 토론은 논리적인 근거로 상대방을 설득하는 일이 중요합니다. 토의는 누군가를 설득하거나 이겨야 하는 것이 아니기 때문에 서로 협력해서 생각의 폭을 넓히고 좋은 결정을 내릴 때 필요해요. 반면 토론은 한 문제를 놓고 찬성과 반대로 나뉘어 서로 대립하는 과정을 거치지요.

넓은 의미에서 토론은 토의까지 포함하는 경우가 많습니다. 토론과 토의 모두 논리적으로 생각 체계를 세우고, 사고력과 창의성을 높이는 데 도움을 준답니다.

토론의 올바른 자세

말하는 사람
1. 자신의 말이 잘 전달되도록 또박또박 말해요.
2. 바닥이나 책상을 보지 말고 앞을 보고 말해요.
3. 상대방이 자신의 주장과 달라도 존중해 주어요.
4. 주어진 시간에만 말을 해요.
5. 할 말을 미리 간단히 적어 두면 좋아요.

듣는 사람
1. 상대방에게 집중하면서 어떤 말을 하는지 열심히 들어요.
2. 비스듬히 앉지 말고 단정한 자세를 해요.
3. 상대방이 말하는 중간에 끼어들지 않아요.
4. 다른 사람과 떠들거나 딴짓을 하지 않아요.
5. 상대방의 말을 적으며 자기 생각과 비교해 봐요.

체계적으로 생각하기

님비 현상에 대한 이야기를 재미있게 읽었나요?
다음에 제시된 용어에 대한 설명을 본문에서 찾아 빈칸에 적어 보세요.

1 친환경에너지타운

2 님비 현상

3 핌피 현상

4 환경 빅딜

논리적으로 말하기 1

우리 동네에 장례식장이 들어선다면?

장례식장 건설을 놓고 전국 곳곳에서 반대 시위가 끊이지 않고 있답니다. 아래 글을 읽고 함께 이야기를 나눠 봅시다.

우리 동네에 장례식장은 절대 안 돼!

장례식장은 꼭 필요한 시설이지만 대부분의 사람들이 꺼려 하는 대표적인 님비시설입니다. 각 자치구마다 장례식장을 둘러싼 반발과 분쟁이 끊이지 않다 보니, 장례식장의 신축 문제, 용도 변경 증축과정에서도 잡음이 불거지고 있습니다.

장례식장의 건립이 문제가 된 충북 OO동에서는 수백 명이 모여 시위를 벌이고 있습니다. 그곳 주민들은 이런 주장을 펼칩니다.

"많고 많은 시설 중에 왜 하필 우리 마을에 장례식장이 들어서야 하는지 모르겠어요. 장례식장이 필요한 건 사실이지만 우리 마을에는 절대 안 됩니다."

"아이들이 다니는 곳이에요. 어둡고 우울한 시설보다는 밝고 편리한 시설이 들어와야지요."

"이곳 교통이 얼마나 복잡해지겠어요. 장례식장이 들어서면 동네 집값도 떨어질 테고 절대 반대입니다."

장례식장 건립 문제를 놓고 시끄러운 곳이 또 있습니다. 바로 강원도 XX마을이에요, 이곳에는 원래 요양병원이 있었는데, 갑작스럽게 장례식장으로 용도 변경을 한 겁니다. 요양병원 관계자의 말을 들어 보시죠.

"수익이 나면 전적으로 우리 마을을 위해 쓰일 겁니다. 마을의 발전을 위해서 협조해 주시길 부탁드립니다."

하지만 주민들은 반대의견을 명확하게 표명합니다.

"돈벌이에만 급급해서 주민들 의견도 듣지 않고 일을 진행한 겁니다. 절대 동의할 수 없습니다."

전국 곳곳에서 몸살을 앓고 있는 장례식장 건립문제, 님비 현상의 최전방에서 TV리포터 장하나였습니다.

1 ○○마을 사람들은 장례식장에 대해 어떻게 생각하고 있나요?

필요 없는 시설이다. (　　　) 필요한 시설이다. (　　　)

2 ○○마을 사람들이 주장하고 있는 내용은 무엇인가요?

우리 마을에는 절대 장례식장을 세울 수 없다. (　　　)
우리 마을에 장례식장을 세워야 한다. (　　　)

3 ○○마을 사람들은 자신의 주장을 펴기 위해 어떤 이유를 내세웠나요?

4 장례식장이 필요한 시설임에는 인정을 하면서도 자신이 사는 동네에는 지을 수 없다고 주장하는 ○○마을 사람들에게 해 주고 싶은 말이 있나요?

5 ××마을 병원 관계자와 주민의 주장을 써 보세요.

병원 관계자 "　　　　　　　　　　　　　　　　"

VS

주민 "　　　　　　　　　　　　　　　　　　"

논리적으로 말하기 2

님비 현상, 이대로 괜찮을까?

다음은 우리 사회의 님비 현상에 대한 우려의 목소리가 담긴 사설이에요.
글을 읽고 자신의 생각을 말해 보고 빈칸에 글로 옮겨 보세요.

광주광역시에 들어설 예정이었던 소형임대아파트가 주변 주민들의 반대로 건립사업이 백지화될 위기에 처했다. 주변 상인들과 인근 지역 주민들의 부동산 가격 하락을 염려하는 목소리는 점점 커지더니 시 당국과 건설업체는 주민들의 커다란 반대에 부딪혀 사업을 접는 방안을 논의 중이다.

과거에는 장례식장이나 쓰레기 처리시설, 화장장과 같이 명백한 혐오시설로 분류되는 경우, 지역 주민의 건강과 주거권, 환경권을 해칠 우려가 있을 때에만 주민들의 반대 목소리가 높았다. 그러나 지금은 임대주택이나 장애인 교육, 복지시설, 노인 요양원의 유치를 반대하는 지역 주민들의 목소리가 커지고 있다.

정부와 지방자치단체의 사업으로 인해 자신이나 자신이 속한 지역이 직접적인 피해를 보지 않는다 해도 반대의견은 쉽게 고개를 숙이지 않는다. 무조건 반대의견을 외치는 사람들은 스스로 조금의 불편함도 참을 수 없다고 생각한다. 또한 닥치지 않은 미래에 혹시 자신에게 미칠지도 모르는 피해를 상상하며 더욱 적극적으로 반대 입장을 펼친다.

왜 우리 사회가 이러한 지경에 다다르게 되었는가?

사회구조는 급속도로 개인주의화되고 공익과 도덕성은 경제적 가치에 밀리고 있다. 국익이나 공익은 배제하고 사사로운 이해관계를 따지며 그 속에서 자신은 절대 손해를 볼 수 없다는 극단의 이기주의가 우리 사회에 만연해 있기 때문이다.

대화와 타협, 약자에 대한 배려보다 자신의 경제적 이익이 늘 앞서는 사회에서 우리의 미래란 그다지 희망적일 수 없다.

1 과거에 사람들은 어떤 시설들이 지역에 들어서는 것을 반대했나요?

2 글쓴이는 사람들이 반대하는 시설 중에서도 특히 어떤 시설에 대해 우려를 표하고 있나요?

3 글쓴이는 요즘 일어나는 님비 현상이 과거에 비해 어떻게 다르다고 말하고 있나요?

4 우리 사회가 희망을 되찾으려면 어떤 가치들을 소중히 여겨야 할지 생각해 보세요.

창의력 키우기

내가 생각하는 님비시설 VS 핌피시설

우리 동네에 절대 들어오면 안 되는 시설에는 무엇이 있나요?
또 우리 동네에 꼭 유치하고 싶은 시설에는 무엇이 있나요? 내가 생각하는
우리 동네 님비시설, 핌피시설을 적고 그 이유에 대해서도 써 보세요.

우리 동네 님비시설

우리 동네 핌피시설

예시 답안

체계적으로 생각하기

친환경에너지타운 하수종말처리장이나 음식물쓰레기처리장, 가축분뇨처리장과 같이 사람들이 기피하고 혐오하는 시설을 활용해서 에너지를 생산하는 시설.

님비 현상 내가 사는 동네에는 방폐장과 같은 위험시설, 장례식장이나 쓰레기 소각장과 같은 혐오시설이 들어서는 것을 강력하게 반대하는 시민들의 행동.

핌피 현상 님비 현상의 반대 개념으로, 백화점이나 대형 쇼핑몰, 대기업 빌딩, 지하철 등 지역경제에 유리한 건물, 혹은 생활에 편리함을 더하는 시설 등이 자신의 지역, 집 근처에 들어오기를 바라는 것을 일컫는 말.

환경 빅딜 자치단체나 국가 간에 환경 문제를 상호 협력해서 해결하기 위해 환경에 관한 시설과 기술 등을 서로 교환하는 것.

우리 동네에 장례식장이 들어선다면?

1 필요 없는 시설이다.

2 우리 마을에는 절대 장례식장을 세울 수 없다.

3 많은 시설 중에 왜 하필 우리 마을에 장례식장이 들어서야 하는지 모르겠다.
아이들이 다니는 곳이라 어둡고 우울한 시설보다는 밝고 편리한 시설이 들어와야 한다.
장례식장이 들어서면 동네 집값도 떨어질 테고 교통도 복잡해질 것이다.

4 장례식장은 꼭 필요한 시설입니다. 우리 지역엔 안 되고 다른 지역에는 가능하다는 주장은 지역 이기주의라고 할 수 있습니다. 지방자치단체에서 장례식장을 들일 경우 요양병원 및 공원 등 주민들을 위한 각종 편의시설을 함께 들여오고 투명하고 합리적인 절차를 통해 그에 걸맞은 보상 및 배려를 해 줄 것이므로 다시 한번 생각해 주셨으면 합니다.

5 병원 관계자: "수익이 나면 전적으로 우리 마을을 위해 쓰일 겁니다. 마을의 발전을 위해서 협조해 주시길 부탁드립니다."

주민: "돈벌이에만 급급해서 주민들 의견도 듣지 않고 일을 진행한 겁니다. 절대 동의할 수 없습니다."

님비 현상, 이대로 괜찮을까?

1 장례식장, 쓰레기 처리시설, 화장장과 같은 혐오시설

2 임대주택, 장애인 교육 복지시설, 노인 요양원과 같이 사회 약자들을 배려하는 시설

3 자신에게 직접적인 피해가 되지 않더라도 조금의 불편함도 참지 않는다. 미래에 발생할 피해를 상상하며 반대한다.

4 공익, 도덕성, 대화와 타협, 약자에 대한 배려와 같은 가치를 소중히 여겨야 한다.